我有一個夢

一場溫柔而堅定的體制內革命

王政忠——著

孩子，就是我們的初衷。
這個夢，就是因為這樣的初衷而出發。

目次

推薦序 尋找教育創新的MAPS 吳思華 6

自序 你為什麼來「夢N」？ 王政忠 10

第一部 夢．種子落地 16

緣起——「動物園」的震撼 18

決定留下之後——爽中經驗 32

謝謝你們，我震盪的孩子們 62

第二部 夢．釐清脈絡 72

翻轉老實說——從偏鄉角度看翻轉浪潮 74

關於翻轉，我想說的是…… 98

被翻轉的，是孩子的人生 122

第三部 夢．得道多助 136

起手——尋找讓台灣教育實現社會正義的解方 138

出聲——我們未竟之渡的「草根教改」 154

第四部　夢．遍地開花　168

「夢一」之後　170
「夢一回娘家」　188
「夢二」——來自山海及山海之外的改變能量　202
「夢的N次方」——為希望而教，為台灣而教　212

第五部　夢．夥伴　224

陳麗雲——為台灣而教，走進每一個偏鄉　228
彭甫堅——圓夢與實踐：一個人，一群人，到全國熱血數學咖啡館的故事　234
何耿旭——夢的啟示　238
林健豐——課堂實踐家，夢一回娘家　242
許扶堂——像你們這樣熱血的夥伴，我不挺你們，要挺誰？　248
吳月玲——一起成長的夥伴，備課是一種日常　252
蔡宜岑——繁星點點在夢裡　256
洪夢華——攜手同行、共學成長：在逐夢途中遇聚築夢人　262
林鈺城——Make a change. Be the change.　266
陳振威——從相識相知到相惜，都是因為夢　272
林淑媛——帶孩子肯夢、敢夢、追逐夢！　276
沈政傑——夢的N次方，在地深耕　282

推薦序

尋找教育創新的MAPS

吳思華（政治大學科智所教授）

一〇五年七月十五日，「夢二」在中正大學舉辦的最後一天，我應政忠老師的邀請，南下會見參加「夢二」的教師夥伴們，而這也是我第三次參與築夢的活動。這一次共有來自全台各地、逾三千名教師夥伴參加。我到每間教室和老師們打招呼，分享他們共學共備教學的熱情，心中有說不出的感動。我在大學教書超過三十年，老師們經常為了學術研究花費很多時間，但在教學上的共同探討則不多見；反而是近來中小學老師們透過自發性的團體學習，不斷努力追尋教學上的突破與創新。

這幾年來台灣正面臨巨大的環境挑戰：科技快速進步、經濟全球化、社會自由開放、產業致力創新轉型……等多元議題，教育體制如何因應環境的需要，培養出新一代具有宏觀視野、跨域整合的多元創新人才，是大家深切的期待。正規的教育系統在過去幾年做了很大的努力，以一〇七課綱為核心的十二年國教，為未來的教育勾勒出一個願景藍圖；如果能夠具體落實，將有機會翻轉教育現場。

但是教育系統是一個超過三十六萬人參與、每年由政府編列六千多億預算支應的超級龐大組織，內部管控的複雜度可以想見。政策形成的過程還需得到民意代表、家長會和教師會的認同，政策執行時更需學校教職同仁的配合。由於參與者眾，因此在政策落實的可行性考量下，對於具高度前瞻性、改變幅度較大的創新往往抱持保留的心態。

更重要的是，教育需要因材施教並鼓勵多元發展。每個學子的聰明才智、個人志趣、家庭背景都不相同，其成長過程的社區鄉里文化也截然不同，所有學生要套用完全相同的教育制度、學習教材與辦學方法，非常不符教育現場的實況、更悖離了因材施教的教育理念，而這其實也是多次教改面臨的困難。

許多堅持教育理念的熱心朋友們，嘗試透過民間力量私人興學，在體制外探索不同的教育典範。但是，民間個人的資源畢竟有限，除了一些能獲得足夠的家長支持認同、收取高學費、自己自足的私立學校外，要全面啟動多元的教育創新，進而影響更多數的老師與學子，在現實上則有相當大的困難。

因此，在龐大教育行政組織系統與民間個人的教育理念熱情之間，尋找出一個整合的教育創新模式，是台灣未來教育發展過程中重要的課題。王政忠老師的新書《我有一個夢》，就在實踐過程中，有意無意的形塑了一個值得我們大家反思與學習的教育創新模式。

政忠老師長期在南投偏鄉爽文國中任教，以教好偏鄉孩子做為他一生的職志。他不僅有熱情、更有手段與方法；他發展出一套草根的「MAPS教學法」，讓學子的學習變得有趣及更有效率。更重要的是，他願意將他獨創的教學方法與其他老師共享，透過網路社群與實體工作坊，用他的熱情鼓勵更多的老師們。

一〇四年春天，政忠老師發起「我有一個夢」大型教學工作坊計畫。我從臉書中看到這個訊息後，請國教署同仁全力支援協助。在王老師的感染下，經過不到半年時間的籌備，共號召了一千七百位來自全台各地、包括偏鄉山間、遠自離島的教育夥伴們，於盛夏七月齊聚中正大學參加「夢一」的教學專業成長工作坊。我在會場與大家共同待了一整天，親身感受到每一位參與夥伴們的專注投入與熱情互助。我常想，如果教育體系中能有更多像王政忠這樣充滿熱情的老師，那台灣的教育自然就能翻轉了。

王老師的「偏鄉圓夢」是未來教育創新一個可能的新模式：第一線的校長和老師們扮演教育創業家的角色，用他們的專業與熱情，倡導新的教學、辦學模式，並積極大範圍地與社群夥伴分享；教育行政體系則扮演賦權育成的角色，提供這些創意更多彈性自主空間，賦予意義、並提供必要的資源與行政協助，協助其發展，讓創新由下而上自然生成。

如此，立足於草根的「體制間教育創新」，才能創意多元、百花齊放，又有如常充沛的水草滋潤，是未來台灣教育創新可以依循的一條路。

9　推薦序　尋找教育創新的MAPS

自序

你為什麼來「夢N」？

王政忠

這本書記錄了一個山中大叔天真發夢也認真圓夢的歷程。

這本書也刻劃了一群台灣教學現場一流教師陪伴、支持大叔一路熱血逐夢也專業築夢的未竟之渡。

這本書更勾勒了台灣未來十年、二十年教學現場由下而上影響教育政策並改變教育環境的可能。

這是一場體制內的溫柔革命，理性但堅持的衝撞僵化制度，不僅試圖為台灣非實驗性偏鄉中小學走出一條生存之道，更試圖為台灣大多數在體制內奮鬥不休的夥伴提供最大量體的實質支持系統。

我嘗試著從這個夢的外在背景（第一部，決定留下之後——爽中經驗）及內在脈絡（第二部，翻轉老實說）雙管齊下，為所有想要改變的夥伴或組織提供策略與經驗（第三部：夢，得道多助），並且描繪已經具體實踐的願景與藍圖（第四部，「夢一回娘家」到「夢的N次方」）。

當然，參與其中的同行者，以不同角度敘說夢的完整面貌（第五部夢的夥伴分享），讓領導者或追隨者皆能有為者亦若是。

我說：「我有一個夢」是從教育圈子出發的社會運動。而最終，我堅信：這個社會運動終將深刻影響並改變教育圈子。

僅以「夢的N次方」第一區（雲嘉彰投，二〇一七年一月二十~二十一日）落幕之後我寫下的文章，做為這本書的自序，表達對所有一路參與或離開、支持與懷疑的夥伴的謝意、說明與期許。

你為什麼來「夢N」？

因為可以和你心中的神人拍照？來看看這是一個什麼夢？感受一下大拜拜的熱鬧氣氛？收集歷年學員名牌？

或者，想精進自己課堂的教學？想學習更多有效的教學策略？再次檢視自己教學盲點？確認自己教學亮點？

又或者，認識更多志同道合的夥伴？尋找可以揪團組成社群的戰友？獲得拍拍秀秀的取暖安慰？吸取到處都是的教師正能量？

都好，都可以的。

相同，不代表一體；相異，不代表對立。

你可以有千百種的原因自四面八方而來「夢N」，在寒假的第一天（二〇一七年一月二十日），結束疲憊繁忙的期末，帶著一整個學期被耗損殆盡的身心靈，跟著你身邊上千腳步，一起踏進「夢N」，一起逐夢。

然後帶著千百種被撫慰、被填實、被充滿、被點亮、被喚醒、被期許、被擁抱、被疼惜、被鼓舞的滿足感自「夢N」而去；在十二小時的扎實課程之後，帶著兩天被洗滌新生的身心靈，跟著你身邊上千腳步，一起離開「夢N」，一起築夢。

你可以因為熱鬧而來「夢N」，但我相信你會帶著專業離開「夢N」。台灣不缺熱鬧，事實上，已經夠熱鬧了，不論課堂內或課堂外。

對於「夢N」這塊招牌，所有夢的講師夥伴與我，都戰戰兢兢的期許並自我要求——專業，才是「夢N」無可取代的招牌。

從二〇一七年開始的「夢N」四個分區，每一場次、每一個班別、每一位講師、每一堂課，我都會跟所有我請託而來的夢的講師團隊一起努力，堅持擦亮屬於「夢N」獨一無二、無可取代的專業招牌。

我會跟所有我請託而來的夢的夥伴戰戰兢兢的堅持專業，獻給所有台灣走進「夢N」會場的夥伴。

也請所有夥伴給我們意見，讓「夢N」的專業可以不僅只是在課堂呈現：比如說旗幟再少一點與再利用的可能，比如開幕致詞短一點與場館配置更為集中的可能，比如工讀生行前訓練的落實，與授課教室軟硬體環境盡早開放提供大會與講師布置的可能。

凡此種種，都會努力在後續的每一個分區調整改善，讓「夢N」的專業招牌，可以成為傳統。

這樣的招牌，需要許多人的支持與投入，才能每一年在台灣不同城市掛起來，這兩天的「夢N」第一分區（彰投雲嘉），總共吸引了超過一千一百個老師報名並錄取，最後的現場報到率逼近九成。這是自從二〇一五「夢一」以來，破紀錄的新高點，這背後的意義證明了「在地」的精神——就近參與，在地扶持。

我要謝謝教育部的全力支持，給我們最足夠的資源與最寬闊的空間，每一年逐步實現我們的夢想。

我要謝謝雲林，特別是國教輔導團的執祕秀卿與專輔政翰，這兩位幕後推手，撐起「夢N」在雲林的半邊天。

我也要謝謝「夢N」接下來的三個分區承辦縣市——苗栗、屏東、宜蘭——已經開始用心籌備，期盼帶給參與夢的老師們，一個可以專心學習的軟硬體環境。

我要謝謝嘉義縣網明勳與嘉田，處理並掌握所有軟硬體設備與環境，盡可能提供講師與學員舒適的學習環境，建置並管理「夢的N次方」網站。

我要謝謝所有受我之邀熱血相挺的數百位講師，設計規劃並實踐專業課程，陪伴引導且扶持學員夥伴。

我要謝謝這一次所有報名錄取並報到的上千位學員夥伴，以及後續可以預期如同每一場夢的研習一樣踴躍參與的台灣老師夥伴們，為了自己課堂與孩子，認真投入這十二小時的課程。請記得，離開之後才是開始，所有夥伴都會在線上彼此扶持。

我要再問一次：你為什麼來「夢N」？

我會期許自己、也要求所有參與夢的講師群，讓回答這個問題的千百種答案，都會有一個最大公約數。

追星但好專業喔！

熱鬧但好專業喔！

感動但好專業喔！

……

是的，那個最大公約數是專業。

專業才是扶持，夢想才會成真。

Teachers get professional support. Kids get real hope.

未竟之渡，與子偕行。

15　自序　你為什麼來「夢N」？

【第一部】

夢・種子落地

是什麼樣的對待，讓他們可以如此珍惜這樣的一份歸屬，
是什麼樣的帶領，讓他們可以如此構築這樣的一份凝聚？
可能是過去這些年用心對待的一切總和，
迸裂出這樣的點點火花，然後蔓延成熱情的火。

是的，是火，是熱情。
我看見了這樣的火一般的熱情蘊藏在每一顆種子裡。
我決心點燃這些火種，開啟這些爽中人才的熱情。

從「根」出發，然後開始茁壯，
我希望「爽中青年軍」能在未來開出另一朵飄著家鄉味的花。
我多希望，青年軍們可以把我對於「教育」這件事的堅持和信念，
以另一種更為深耕在地的方式繼續傳承下去。

緣起——「動物園」的震撼

一九九七年，我高雄師範大學畢業後，公費分發來到爽文國中。多年以後，我才知道，這個學校位於南投縣稅收最少的鄉鎮，同時也是全台灣最貧窮的平地鄉鎮之一。我是台南人，為什麼來到這個學校？這部分的細節在拙作《老師，你會不會回來》（時報出版社，二〇一一）有清楚的描述，有興趣的讀者請自行參閱，在此不再贅述。

到這個學校之前，對於偏鄉，或者說偏鄉學校，我並沒有清楚的概念。雖然我就讀的國小國中也位在台南縣的鄉下地方，但如果跟爽文國中相比，簡直有天壤之別。在《老師，你會不會回來》這本書中，我用了「動物園」這個詞來形容對這個偏鄉學校的第一印象，用詞雖殘忍，但卻真實反映我的感覺。

衝突的對比

「動物園」這個用詞，除了具體勾勒出當時整個老舊校園的荒煙蔓草形象之外，其實更深層的感受是對當時校園內學生的描繪：野性的肢體動作及用字遣詞、無意識地或漫遊或蹲或坐的隱沒在校園植物花草間，以及課堂上多數無神失焦的眼神。我感覺不到對於學習這件事在乎或追求的氛圍。這一切衝突的對比，讓我無法同步我的感官與感受——我其實身處一個叫做「學校」的場域。

無法同步的原因，很大一部分是因為我的求學經驗以及師資養成過程。我的國中生活處在一個極度的升學主義環境，雖然學校位於鄉下，但能力分班是常態，用教育界的術語來說：分得乾乾淨淨。整個學校在處理升學輔導這件事上顯得制度嚴謹，且分工明確。什麼時程該由誰進行什麼動作，井然有序、節奏清楚，彷彿幾百年來根深柢固毫不可逆的傳統。該模擬考了、該週六日輔導課了、該晚自習了，一切按部就班的循序漸進。相較於當時的台南市明星國中，我們雖然被視為鄉下學校，但，毫不含糊的，我們那一班六十個學生，可是有將近四十個考上前兩志願的高中。

這樣的國中生涯成為我心中一個偏鄉國中起碼應該要有的樣子：鄉下地方，鄉下孩子，但只要學校有方法、有策略、有系統，低家庭支持的學生一樣可以在學業成就上毫不遜色。雖然那時候在我還未被啟發的腦袋瓜裡，尚談不上因為受教育而從貧窮翻身這種更高層次的信仰，但在我這一個來自貧窮家庭的小孩心中，我清楚的感受到：受教育的確是可以讓人翻身的——翻得跟都市孩子一樣，在第一志願的明星高中課堂上平起平坐。

高一家裡發生重大變故，一夕之間全家連夜遠走山城避債，這才讓我突然明白，我的受教育與否會決定我以及家人的命運。高中三年的半工半讀雖談不上終日刻苦自勵，但我的確清楚感受，只有透過教育往上爬，才有可能幫家裡惡性循環般的以債養債止血。

也就是在那個時候，我立下成為老師的志願。這個志願除了因為感念從國小到國中，乃至於高中的三位恩師以不同方式拉拔扶持我，讓我雖然坎坷艱辛，仍得以一直處在公平而專業的學習環境裡，沒有因為家庭支持力道薄弱，而中輟放棄受教育。因此，我也希望自己有朝一日有能力，可以如同三位恩師一般拉拔扶持辛苦的孩子。另外一個重要考量當然是師範大學的公費誘因，以及大學畢業之後的保障就業，那意味著我有穩定的收入可以改善我的家庭。

翻身的滋味

第一次大學聯考的意外失利讓我一度茫然。重考的前半年，我必須工作，積蓄下半年的補習費用，那半年的每一天，一個明星高中重考生與四位歐巴桑在家庭工廠裡共事，每天重複不須動腦的手工活，日子恍恍悠悠，讓我逐漸不確定我能不能、或者要不要努力考上師範大學當老師。一直到積攢半年的補習費用被父親一夜賭輸，我才發現我竟然一無所有，剩下的，只有國英自數社課本，而這些課本或課本裡的知識，竟是我唯一可以脫貧的仰賴。

與父親激烈衝突之後，我逃離山城遠赴港都，蝸居某棟學生宿舍的樓層夾板之間，打工養活自己之餘奮力啃食書本講義。那是第一次，我真實的知道：這些書、這些知識，是我能夠翻身的最後機會了。

錄取高雄師範大學並以公費生身分就讀，是我人生第一次感受到翻身的滋味。四年大學師資養成結束之後的所有美好想像，彷彿那麼唾手可得。即便那四年的每一天晚上，我幾乎都在高雄市的大街小巷穿梭，趕赴一個又一個的家教或補習班工作，為了應付自己生活所需，以及貼補償還家裡積欠的各項債務，但我樂在其中。天賦加上努力，還有一些好運氣，我很快的小有名氣，成為業界同行口中的名師。

豐厚的收入、家長的殷殷期盼、老闆的器重，以及學生仰望我如仰望偶像一般的眼神，都讓我感受翻身的美好。我的生活所需不但得以應付，並且逐漸綽綽有餘，甚至開始計畫我美好的未來。為此，我保持寄一定額度的錢回家，小心的不讓父母清楚我的真實收入。我嘴上沒有說出口但心裡明白：這一切就是我要的，也是我應得的。

直到畢業填選分發實習縣市之前，我都那麼理所當然的認為，我理當在城市裡發光發亮，憑藉著我認真投入用心準備而成的教學專業，以及四年補教職場磨練而成的流利口才，未來，指日可待的本業及業外收入，將會快速改善我以及我家人的命運。

我們就要翻身了——因為我的受教育，全家將從貧窮裡脫身而出。

填選分發實習縣市時，母親希望我回南投就近照顧家裡的要求，的確讓我猶豫許久。彼時除了家中債務尚須我協助償還之外，母親隨時處於家暴陰影，才是讓我無法斷然拒絕母親要求的主因，再加上我對於偏鄉的錯誤想像所導致的天真認知，讓我終於還是填選了南投縣。

錯誤的想像來自於國中求學的經驗，讓我對於偏鄉產生不過爾爾的天真認知：偏鄉窮歸窮，學校該有的教學資源還是會有；鄉下地方學校小歸小，該有的師資及學習策略還是會有；學生資質糟歸糟，該有的學習態度在老師的要求之下還是會有；家長受教程度低歸低，對於孩子學習該有的關心與要求還是會有；學區經濟差歸差，市區該有的補習班、家教需求還是會有。我在台南縣鄉下國中得到的對待，到南投縣的鄉下學校也會有；我在城市打拚而來的光環與收入，去到南投市區也可以拚出來。

再說，我也不是歸人，幾年過去，家中經濟狀況處理完畢，我就要回到城市，繼續當我的名師。

所以，我沒有如同其他實習老師般，在家長協助下打聽每一個開缺學校的狀況。對我來說，那個錯誤想像導致的天真認知，讓我自在的去到了分發會場，在一陣錯愕中發現，所有實習學校，除了一所位在市區，其餘都遠在山上、山裡或山邊。我是第八順位，在狐疑之中選擇了離南投市區不到二十分鐘車程、前六個順位實習老師跳過的爽文國中。為什麼他們寧願選擇去到更遠的地方實習，放棄了這個地圖上看來離南投市區比較近的學校？

「動物園」這個形容詞解答了我的狐疑。

這個形容詞也讓我無法同步我的感官與感受——我真的身處一個叫做「學校」的場域。

偏鄉學校的惡性循環

整整一年的偏鄉實習生活，讓我對於所謂「偏鄉」有了比較屬於個人式的清楚感受。所謂「個人式」，是因為這些年走訪了台灣更多更多的偏鄉之後，我才有了比較完整的眼界，對於偏鄉的認識也才稍微全面一些；而所謂的「清楚」，是因為我真實的身處其中，除了用心投入課堂教學，也因為兼任訓導組長——負責訓導處四個組的所有業務，並且管理全校所有學生。在包山包海的行政工作中，得以認識並觀察影響學生學習的教育制度、家庭、社區、經濟、文化……等種種條件或因素。

我的一年偏鄉教學生涯觀察如下：

1. 編制不足，導致專業師資不足

第一年（一九九七）在爽文國中實習，我除了任教專業本科——國文——之外，還得任教音樂、童軍、家政、體育，以及輔導活動。當時的我也不明白為什麼，資深教務組長只告訴我因為師資不足，所以必須配上其他科目。為什麼會師資不足？退伍之後再

回爽文國中任教，並且在幾年後接任教務組長後，我才明白是因為國民中學規定的員額編制關係。

當時（一九九七）爽文國中全校六班，按照國民中學員額編制規定：班級數乘以二，就是學校可以聘任的教師數量。所以當時爽文國中只能有十二個老師，而這十二個老師需兼任三個處室主任、兩個組長，以及六個導師工作，總共至少十一個行政工作或兼任職務。唯一的專任教師缺額，就必須分擔接任營養午餐祕書等其他業務工作。

所謂「專任」，就是不兼導師、不兼行政、不接職務，在學校裡純粹只教書，但這在偏鄉六班學校幾乎是不可能出現的狀況。兼任行政工作或職務就必須減授節數，兼任導師可以減授四節，組長減授六—八節，主任減授八—十節。以國文科來說，每一個班每個星期要上五節國文課，同時，課程不可以分割，意即一個班級的五節國文課不可以分割成兩節給某老師、三節給另外一個老師。全校六個班總共有三十節國文課，一個專任國文老師規定一個星期可以上十八節，所以需要兩個專任國文老師，才能專業的進行全校國文教學，但如果兼任了導師，一個星期就只能上十四—十五節。因此，如果國文老師恰巧全部兼任導師職務，那麼至少需要三個國文老師才能消化完這三十節國文課。以此類推，如果國文老師兼任了組長或主任，減授的節數就更多了，那麼需要的國文老師就要更多，否則應付不完六個班的三十節國文課，除非找非國文老師來上國文課。事實上，非專長教師授課這種情形在當時的偏鄉比比皆是。

因此，當時的爽文國中教師結構就是三個國文老師（兩個非專長授課教師）、兩個英文老師、三個數學老師、兩個自然老師（一個非專長授課），以及兩個社會老師（一個非專長授課）。至於音樂、美術、體育、家政、電腦、輔導、童軍、工藝、健康教育……等科目，就由當時僅有的五科老師分配上課。據我印象所及，當時這些由非專長教師配課科目（國英自數社以外）的上課狀況，大致是學生自習——放牛吃草有之，放卡帶聽流行歌有之，操場閒晃聊天散步有之，借給主科老師考試，或直接拿來上主科，都算是不錯的使用狀況了。

2. 教師專業及熱情不足

在爽文國中實習那一年我所觀察到的第二個現象是：除了非專長授課導致教學專業不足之外，即便是專長授課的科目，也呈現照本宣科的上課狀態。

當時除了我及某位主任之外，其餘教師都不是來自師範大學本科系。在我的第一本書以及這幾年的演講中，我不斷強調，師範大學畢業並不是教師專業的絕對保證。教師專業包含學科專業及教學專業，許多非師範大學畢業的教師，一樣能夠在中小學現場展現出極為專業的教學水準。這除了在師資培育的過程中所建構的學科專業及教學專業之外，更重要的是不斷自我要求精進，以及一份對於教育的良知與責任。

當時的爽文國中教師，教學最專業的是教導主任。雖然不是數理本科系出身，但嫻熟教材及教法，學生學習成效不錯。除此之外，只有極少數幾位雖然學科知識有限，但對教學具責任感，願意盡力拉拔孩子學習。其餘大多數老師不但學科專業及教學專業不足，更缺乏自我精進的熱情與責任感，對教育缺乏使命感。教師這份工作對他們而言，不過是倒數計時等待退休。

那時的我不清楚他們之所以能夠成為教師的原因，多年以後才約略明白：民國五十七年開始延長國民義務教育為九年，國中教師需求增加，但合格教師不足，且不願意到偏鄉任教，因此許多偏鄉國中只能將就應急，聘用原本不具備教師資格的大專畢業生，導致偏鄉學校教師來源良莠不齊、因陋就簡。

教學專業不足的先天條件及歷史背景我後來理解了，但當時卻不明白為何我的教師同儕會這麼缺乏熱情。當時的我雖然也自覺會是爽文國中的過客教師，但仍然兢兢業業的在每一天的教學與行政工作中，期許、也要求自己當一天和尚敲一天鐘，並且好好敲鐘。我尊重當時爽文國中教師長期待在偏鄉付出的勞力勞心，但教學專業不足是不爭的事實，熱情不足更是令我不解且無法苟同的真實現象。

3. 家庭支持力道極低

由於學校長期教學效能不彰，學區內經濟稍好或較注重孩子學習的家長，絕大部分會在國小時就將孩子送往市區學校就讀，最遲也會在孩子國小畢業時選擇將孩子轉往市區國中。爽文國中學區離南投市區不遠，包括當時南投縣明星國中在內的幾所市區大型國中，離爽文學區只要十五—二十分鐘車程，但在地國小畢業生留下來就讀爽文國中的比率約僅五成左右，而留下來的學生來自弱勢家庭（單親家庭、隔代教養、依親家庭、低收入戶及新移民家庭）比率極高，約有七成，家長關注孩子學習的家庭比率極低。

實習的第一年，每天開車上班的途中，總會看見私家轎車或家長租用的小巴士將學區的孩子載往市區上學。一樣是上學去，不知道為什麼，那些背著爽中書包、穿著爽中制服的孩子，多半暮氣沉沉，低頭緩步前進，對比車內那些轉出去就讀市區學校的孩子，總是給我相形見絀的感覺。或許是心理作用，我甚至會發現學生把書包上印有「爽中」的那一面朝向自己，似乎有意無意流露出矮人一截的心緒。

當時爽中的家長對於孩子學習的關注程度極低，我幾乎沒見過家長到學校與老師討論孩子的學習情況。親師座談出席人數幾乎是零，只有三年級那一班升學班的家長會出席，運動會也是，畢業典禮也是。除了這些表面上的形式關心極少出現之外，從孩子們參與學習活動的被動、消極、無所謂等表徵，更可以感受家長在形式以外的實質關心與要求也幾乎不存在，更別提學習落後時的協助補救作為，以及學科學習以外的多元學習支持。

尤有甚者，家長本身的價值觀偏差，反映在教養不力導致生活常規偏差，這可從我在演講時描述過的場景可見一斑：放學時，騎著摩托車來接孩子的爸爸，在孩子跨上後座時，極其自然地隨手往後遞了香菸，孩子接過後，熟練地點火，深深吸了一口，吐出，然後從我面前呼嘯而過。

4.社區經濟不利，導致文化不利

爽文國中所在學區的窮，我當時的確可以嗅得出來，不論是從同事的口中描述耳聞、從學生的物質表徵可知，甚或到社區走動時的所見所感。

但在多年以後，我才得知這個學區所在不但窮，它甚至是南投縣稅收最少的鄉鎮，全台灣最貧窮的平地鄉鎮之一。

因為窮，印象所及，當時的爽文國中教學資源極為缺乏。來自政府的固定教學資源經費是根據學生人數核撥的，因此教具短缺陳舊、教學設施簡陋殘破，社區能夠給予學校教學資源的協助幾乎闕如，學生的上課資源就是課本及自修。我最常看見數學老師拎著木製三角板晃過，彷彿還可以看到蛀蝕的木屑掉落。圖書館的藏書，年代久遠，泛黃的紙面，似乎一經翻頁就要剝落。

經濟不利導致的文化不利，反映在整個社區的文化刺激真空。當地沒有任何可以提供文化資源的場所，只有老人集會的活動中心翻飛著幾張報紙，以及大樹下三三兩兩散落的各式佛書道義。學生的文化刺激來源就是電視台，那些娛樂新聞裡，影視明星的過時動態及軼聞趣事，就是他們認識這個封閉偏鄉社區以外世界的唯一（幾乎是唯一）來源。

唯一之外的，就是宮廟裡的成年人或失學青少年所描述的社會百態。透過陣頭的聚會糾眾，爽文國中當時的男生為數不少都是陣頭成員。民俗文化的底蘊尚未薰陶感染，菸酒粗話倒是快速習染上口，接著便是把扭曲的社會化價值觀帶進學校。校園裡隨處可見男孩三三兩兩聚集，練習踩踏各式官將首的步伐，嬉笑怒罵裡串串夾雜三四五六七八九字經；女孩或蹲或坐圍觀，討論著假日隨陣頭出軍外縣市宮廟的所見所聞。

校園內沒有合時合用的教與學資源，校園外沒有正向健康的文化刺激，貧窮導致的文化不利，就是這樣日復一日年復一年在這樣的偏鄉學校惡性循環。

沒有夢的未來

誠如前言，這是我的第一年偏鄉實習觀察，粗淺、直覺而個人，但這些因素的確直接間接反映在我偏鄉課堂校園裡的學生學習樣貌上：

1. 學習動機低落

「不想」和「不動」充斥在當時的爽文國中校園課堂裡。講台上，老師意興闌珊唸著課本，講台下，學生意興闌珊的或睡或發呆。「學習」這件事，甚少在課堂發生。

2. 基本能力不足

因為「不想」和「不動」，所以導致「不會」和「不懂」。大部分學生的聽說讀寫算能力和我大學時家教學生的水準差距甚大是必然的，但距離同年級學生該有的平均水準也相去甚遠。這反映在當時以升學考試分數高低選填高中職志願上，就是超過七成的爽文國中畢業生只能就讀不需要分數也能報到的某些私立高職。

3. 成功經驗缺乏

專業師資不足，以及家庭支持力道低的雙重影響之下，學生缺乏學習的成功經驗。除了對課堂上的學科學習意願薄弱之外，學校學習以外的同儕次文化團體，或社區宮廟陣頭組織，成為他們感受成就感的場域，也加速他們因為過早社會化而產生的心理生理不對等的錯置成熟表徵：嘻皮笑臉的回應學校的管教要求，稱兄道弟的敷衍老師的學業指導。

4. 學習氛圍淡薄

普遍的經濟不利導致廣泛的文化刺激不足，型塑常態的不學習校園氛圍。學生關注的焦點大多不在「學習」這件事，加上多數教師的缺乏熱情，建構出一個極少發生學習的學習場域。因為心思焦點不在學習，所以程度輕重不一的校園偏差行為每日上演著。近朱者赤的形成惡性循環：所謂的「好學生」不願意留在學區就讀；所謂的「壞學生」經過三年深造，成群結黨，造詣日深，校風日下。

5. 夢想願景短淺

上述所有樣貌歸結到最後，學生對於離開校園後的想像與期待，多數就是立即就業。即便升學私立高職，也多半是隨波逐流，因為不知道能夠做什麼。學長姐這麼去了，學弟妹也就跟著去；學長姐半工半讀了，學弟妹也跟著半工半讀；學長姐索性輟學全職工作，學弟妹也跟著就這樣了。加油站、工業區、洗髮剪髮端盤子站櫃檯修理機車汽車，能力好一點或眼光較為要求的女孩男孩，幾乎都離鄉或遠嫁，留下來的男孩女孩，沒有更大的夢想，也不敢夢；沒有更遠的願景，也不敢願。當兵退伍結婚生子，一代又一代永無止盡的惡性循環。那個年代，我看見的爽中畢業生，多數在幾年內就會走上這一條殊途同歸的路。

決定留下之後——爽中經驗

一九九八年，實習結束，我前往金門服役。原本打定主意在退伍後申請調動離開這個偏鄉國中，一場世紀大地震卻改寫了我的人生。

一九九九年的九二一大地震重創台灣，尤其是中台灣，爽文國中所屬的中寮鄉是災區死亡人口比例最高的鄉，原本就窮的學區，加上地震，就更慘了。地震時，我仍有半年役期，因為戶籍在災區，所以放了十天探親假。我倉皇的沿著破碎的山路來到學校，在災民臨時收容所前，兩個我的學生抱著我哭，問了我一句：「老師，你會不會回來？」

對我來說，這句呼喚比地震還猛烈。地震動搖了台灣，這句呼喚卻動搖了我的心。它讓我想起求學過程中，三位以不同方式拉拔我的老師。是他們給我的公平對待，讓我得以從貧窮翻身；是他們不公平的多給了我機會，讓我可以因為受教育而擁有人生的選擇權；是他們讓我想要成為一個老師，成為一個跟他們一樣拉拔辛苦孩子的老師。

那是我的初衷，是我在大學那四年的名利雙收裡遺忘，卻在這聲呼喚裡被喚醒的初衷。

不只是留下來……

我決定留下來。我不知道能留多久，也不知道能做出什麼改變，但我想，留下來，陪他們走過這一段辛苦的災後重建之路，讓他們有機會走一段較為公平的教育之路，就是我在當時能做的最大貢獻。

這一留就是十六年，我始終沒有離開這個偏鄉學校。這幾年學校的種種改變，受到許多面向的評鑑加諸肯定的冠冕，例如：

二〇一〇年，攜手計畫全國首獎。

二〇一一年，InnoSchool國際認證——「學校創新經營全國首獎」標竿學校。

二〇一二年，《天下雜誌》評選優質國中一〇〇選。

二〇一三年，教學卓越團隊南投縣特優。

二〇一四年，教學卓越團隊全國金質獎。

這些冠冕呼應著爽文國中學生這十五年間學習成效的提升：學習低成就學生（以PR 25以下為基準）比率下降了五〇％，高成就學生比率（以PR 80以上為基準）成長了二十五倍，二〇一六年會考成績5C比率僅占全校畢業生六％。

除了學習成效提升，多元學習也美麗綻放，學生在美術比賽、技藝競賽屢屢獲獎，二〇一六年更一舉拿下國樂團成軍十四年的第一次全縣冠軍。

這些具體量化數據，更直接反映在學校學生人數的變化上：

- 爽文國中全校學生的總人數，從二〇〇〇年的八十六人，成長為二〇一六年的一百二十四人。
- 爽文國中學區的國小畢業生人數下降三〇%（二〇〇〇至二〇一六年），但爽文國中學生人數成長了五〇%。
- 學區國小畢業生報到率從五二%（一九九七年）成長為九五%（二〇一六年）。
- 跨學區選擇就讀爽文國中學生人數，占全校學生人數的三〇%（二〇一六年）。

一〇五學年度，全台灣小一及國一新生班級數因為少子化的影響，比一〇四學年度少了一一八八班，但爽文國中卻成了逆勢上漲的例外，幾乎是台灣公立偏鄉非實驗性學校的奇蹟，姑且讓我稱之為「爽中經驗」吧！

這整整十六年的偏鄉學校打底及翻轉經驗，且讓完整走過這些年的改變之路，並主導大多數策略建構的我，分析並分享策略如下：

打底階段（二〇〇〇年—）

（一）激發學習動機

創造「學習護照」制度，讓學生透過：

- 語文抽背積點：建立對自己學習負責任的態度，累積擴充語文基本詞彙。目標對象為全體學生。
- 七大學習領域學習歷程積點：鼓勵課堂表現、學習參與、作業功課及即時評量，增強學習行為歷程。目標對象為全體學生。
- 服務學習及其他學習行為積點：鼓勵學科學習以外的多元學習，建立服務人生觀及生活常規，提供學業低成就孩子獲得鼓勵的機會。
- 重大測驗積點：鼓勵追求學科卓越表現，提供學業高成就的學生追求目標。

透過「學習護照」累積點數，可換取不同獎勵：

- 「語文抽背點數」＋「七大學習領域學習歷程點數」＋「服務學習及其他學習行為點數」＋「重大測驗點數」，可以在每學期一次的跳蚤市場換取二手學習用品，以及家庭生活所需用品。
- 「重大測驗點數」可以在每學期兌換圖書禮券。

若是負點數，則須完成不同學習任務：

- 「抽背負點數」代表未完成每週的抽背進度，寒暑假到校補抽背，完成才可放假。
- 「七大學習領域學習歷程」負點數，代表學期中應完成之學習任務未完成，寒暑假到校完成學習任務才可以放假。

- 「服務學習及其他學習行為」負點數，代表生活常規需改正，每負一五〇點，寒暑假到校進行「愛校服務學習」四小時。
- 「重大測驗項目」只加點不扣點。

從國一開始，以「連續增強」策略建立學生學習行為，逐漸轉為「間歇增強」，並輔以「社會性增強」，鞏固學習行為。最終移除增強，讓「想要學習」成為最終的內化增強。

（二）創造成功機會

如前所述，受限於國民中學教師員額規定，爽文國中除了國英自數社五科共十二位教師之外，並沒有編制空間可聘用其他科目教師。不過，為了替學生創造成功機會，我們設法自籌經費，貼補公家兼課鐘點費的不足，並且尋求社會及企業資源，添購設備，外聘專業藝術家到校開設美術、陶藝及國樂課程。

學生的美術及陶藝創作參加學生美展屢屢獲獎，除了點綴校園空間，平添藝術氣息之外，作品公開展示，也令學生倍感榮耀。此外，全校有近三分之二的學生（八十位）加入國樂團，自二〇〇三年成軍以來，歷經十三年努力，奇蹟般的在二〇一六年勇奪全國學生音樂比賽南投縣冠軍，並代表南投縣參加全國決賽。

這一路，我寫下了這篇網誌：

二〇〇三年，爽文國中成立了國樂團。十九萬的經費，二十樣樂器，四十個沒有樂理樂器基礎的偏鄉小校孩子，就這樣踏上了這一趟叫做「相信」的旅程。半年過去，孩子們終於從把樂器當作雞鴨脖子，雙手是凶器，發出陣陣哀嚎的起點，走到了發出旋律的境界。

二〇〇四年六月，我們在山裡舉辦了第一場校內成果發表。選擇校內的原因很簡單：既要讓殺了一年雞鴨，喔，不，學了一年國樂的孩子有舞台可以展現成果，又不捨得家醜外揚，兩難之下，校內禮堂是最適合的場所。看著孩子豆大汗珠滑落緊繃的臉龐，我也跟著緊張起來，擔心那雞鴨何時會斷了氣。

二〇〇四年十一月，孩子們在大人的半哄半騙外帶珍奶及雞排的誘惑之下，參加了第一次音樂比賽，拿回了只有兩隊參加的亞軍。雖然成績距離冠軍學校很遙遠，可是沒人在乎分數。我們開開心心的去比賽，開開心心的啃著雞排、喝著珍奶回家。

那所位於市區的冠軍學校，我們稱之為「天團」，全校近六十班。他們的學區內就有一所國小蟬聯了近二十年國小組國樂比賽。天團的目標一直是全國賽，至於南投縣初賽，就是一個必經的小門檻，前腳抬起來，後腳跟上去，也就過了。

二〇〇五、二〇〇六年，我們一直是坐二望一。雖然我們每年都在進步，但那是因為我們的起點低，所以那個二距離那個一，始終是個遙不可及的距離。

二〇〇七年，因為天團在台上失誤而敗給了完整演奏完曲子的我們，那個失誤的瞬間，我在台下心中暗自吶喊了一聲：「糟糕，我們贏了！」

因為沒有經費、沒有樂器、沒有心理準備，我們放棄了全國決賽南投縣代表權。

二〇〇八年，天團沒有報名，我們成了南投縣唯一報名的一團。對，不用懷疑，我們又獲得了南投縣代表權。我們去了苗栗參賽，看見了這個世界原來長這個樣子，原來演奏時身體會跟著劇烈搖晃，原來拉弦組的二十幾隻手必須看起來像一隻手那樣的整齊，原來一組定音鼓的價格比我們整團的樂器還貴。原來，原來這樣叫做國樂團。

二〇〇九年，我們又獲得南投縣代表權。是的，天團還是沒有報名。我其實也不知道為什麼會這樣，但絕對不是因為他們怕了我們。我們去了雲林參賽，結果哨吶首席——嗯，因為全校只有一把借來的哨吶，所以他只花了三個月就成了當然的首席——第一聲就破音，結果樂團大暴走，上演星際迷航，我們創下學生音樂比賽全國決賽有歷史以來的最低分——七十八。

我們一路哭回南投，但我們沒有抱怨哨吶，因為打擊組出身的他，三個月就吹上全國舞台已經非常了不起了——雖然還是吹錯。我們互相砥礪，互相加油打氣，下定決心，明年要上台雪恥。

二〇一〇年，天團又報名了縣賽，所以我們就在場外跟國小組PK雪恥。至於台上，還是屬於天團的，但我們創下了自己學校參賽的最高分——八三•九。那一刻的喜悅與激動，讓我們對於拿到優等成績（八十五分以上），似乎看見了一絲絲曙光。

二〇一一年，八五・八分，我們終於證明我們也辦得到，終於證明二〇〇八、二〇〇九兩年的南投縣代表權不是浪得虛名。

二〇一二年，我們應該是八五・一分，如果不算那因為下錯舞台逾時撤場被扣的〇・五分。

二〇一三年，八五・四，我們歡呼。

二〇一四年，八六・九，我們尖叫。

二〇一五年，八七・二，我們扼腕，因為就差天團〇・七分。

每一年，我們都告訴自己，我們要超越過去的自己。我們從不妄想擊敗天團，因為我清楚那是怎麼也跨不過的城鄉差距與家庭支持力度。直到二〇一五年的八七・二分。孩子們雄心壯志的喊出「明年我們要八十八分啦！」我還是不敢奢望，我的心裡甚至隱隱約約有著擔憂，我覺得八十七分這樣的數字已經是我們的極限。我害怕明年或者以後，沒有這樣的數字，我那山裡單純而認真的孩子，會因此難過。

我還是一樣的激勵著他們：超越自己，就是我們最大的目標。

這一年來孩子們的眼神及肢體，卻讓我開始動搖我的相信：相信城鄉差距是那麼難以跨越的宿命，相信家庭支持力度是那麼難以撼動的城牆。

他們就是這樣的練習著，一天又一天。

他們就是這樣的動搖著我的相信，讓我漸漸相信他們的相信。

二〇一六年，比賽當天早上，出發前，照例，全校師生要為樂團壯行。準備的時候，我看見學長姊主動看照每一個細節。然後，在全校師生演奏時，如此自信。臨行前，那麼的輕鬆自在。會長來載樂器了，大家自動自發搬運。出門前，在陽光裡，我們留下笑容。

我們出發了，為了證明他們的相信是對的。然後，上台了，他們全心投入，看著他們的背影，我已經泫然泣下。

知道成績的剎那，我們歡呼，我們尖叫。孩子們讓我相信，他們的相信是對的。回到學校的時候，全校師生在走廊上，在樓梯欄杆前，在這個山裡的校園裡，用掌聲用尖叫用歡呼歡迎這一群天真的相信只要堅持就會跨越城牆、就會翻轉宿命，然後認分的努力著的山裡孩子。

我們的孩子，爽中的孩子，二〇一六年，我們第一次獲得了南投縣冠軍。珍貴的不是勝了天團勝了誰，而是他們貨真價實的比去年進步了一‧一分，來到八八‧三。這群孩子們讓大人們相信，只要願意、只要堅持，極限就不會是極限。

謝謝支持並資助我們的誠致基金會方新舟董事長、技嘉文教基金會，以及公勝保險經紀人公司。沒有你們，我們走不到這一天。謝謝樂團的老師，孩子們說，這一年來，你們不斷的激勵他們：我們辦得到的。謝謝一路鼓勵孩子的家長們，你們的陪伴與信任，是我們可以堅持下去的力量。

謝謝你們，爽中的孩子，謝謝你們讓我相信，即使我們還是沒有音樂老師，即使全校只有一百二十四個學生，即使多數的你們沒有樂器樂理基礎，我們還是可以玩音樂，還是可以這樣自信的把如此美好的樂音帶給大家。

至於我和你們的爽中老師們能做的，不過就是繼續創造讓你們可以發光發亮的舞台，讓你們繼續因為相信會成功，繼續為每一種不同的成功而努力。

（三）塑造學習氛圍

1. 爽中青年軍——火一般的熱情，蘊藏在每顆種子裡

「老師，這真是一個很棒的機會啊！」

我看著眼前這個剛退伍、還留著利索小平頭的大男孩，突然意識到，我的青年軍終於逐漸不是我的青年軍了。

二〇〇八年，我剛離開教導工作，來到輔導室。帶著自作自受的滿身傷，我決心暫時隱居在這個山中小校的角落。

日復一日，我的確稍微遠離了學校大小決策及活動的主導，我盡本分做好我的輔導工作，也認真投入在我最愛的教學裡。前些年無心插柳，有一搭沒一搭經營的部落格「Here is Alex Speaking!」，到了輔導室之後，因為時間稍稍寬裕，開始認真且有心的經營起我的A's壘球隊，我的「Here is Alex Speaking!」，還有我希望讓學生願意並喜歡

回來的老窩。

時光倒流到二〇〇六年……

由我集合二〇〇六年畢業生所組成的A's壘球隊隊員們，在我來到輔導室之後，就把我的一人辦公室當成了他們每週六回來爽中練球的休息室兼茶水間兼更衣室……。每到週六，打屁的打屁，泡茶的泡茶，借用電腦的借用電腦，整個辦公室彷彿成了他們最自在、最理所當然的集會場所，功能就類似鄉間的大樹下或土地公廟口。

慢慢的，我告訴我的A's們，你們可以做的事不只是打球。於是，二〇〇六年開始，他們會回來在每年的四校聯合運動會擔任志工。二〇〇七年四校運動會那天，回來擔任志工的畢業生突破三十人。回來母校，已經成了一股風氣，是畢業生們最重要的團聚時光。

二〇〇八年暑假結束，我的A's因為第一代的成員要各自南北分飛就讀大學，所以經過討論，決定正式暫時畫下句點。

二〇〇八年十月，球隊解散不過一個月，我的部落格滿滿都是離鄉遊子們懷念與不捨的字字句句。懷念一起打球的時光，不捨離開老窩的失落。看著這些充滿期待與盼望的留言，我的腦海裡不時浮現當年那些孩子流著淚抱著我哭，問我「老師，你要不要回來」的場景。

我也好懷念，但不只懷念那些可以一起打球的時光，更懷念辦公室裡喧鬧的笑語，懷念圍繞在身邊的他跟她。

我也好不捨，但不只不捨他們離開老窩的失落，更不捨才剛開始帶領他們為母校做一些有意義的事，就要被迫停止。在我眼中，他們可都是人才啊！

我也好盼望這些爽中栽培教育了三年、在我身邊跟著學習帶著成長超過六年的孩子們，能夠有機會為母校做出更大的貢獻。這樣的貢獻不僅是對學校有助益，也是對孩子本身的一種磨練與訓練，更是對還在爽中就讀的學弟妹們一種最好的楷模學校榜樣。

禁不住對彼此的思念，拗不過部落格上的殷殷期盼，於是，我在網誌上發出了召集令——老窩相見的召集令！

二〇〇八年十月十日下午，好久不見的他們彼此笑著鬧著拉著抱著，笑著這些日子以來的他鄉生活新鮮事，笑著過去在爽中讀書時的蠢事糗事，拉著手抱著肩頭，喋喋不休的打斷彼此的喋喋不休。

而我在旁邊看著，感受著如此強烈的向心力，如此濃厚的認同感。是什麼樣的對待，讓他們可以如此珍惜這樣的一份歸屬，是什麼樣的帶領，讓他們可以如此構築這樣的一份凝聚？

可能是爽中，可能是我，可能是A's，可能是過去這些年用心對待的一切總和，迸裂出這樣的點點火花，然後蔓延成熱情的火。

是的，是火，是熱情。我看見了這樣的火一般的熱情蘊藏在每一顆種子裡。

我決心點燃這些火種，開啟這些爽中人才的熱情。

二〇〇八年策略聯盟運動會那天中午，我跟這些被我號召回來的不管是不是A's成員的畢業生們，說了我關於未來的另一個夢想：我們來組成爽中大專青年服務隊如何？寒暑假我們可以自己辦理營隊，依照每個人的學習專長，自己設計三天兩夜的課程，針對國中小的學弟妹們提供有趣而多元的學習內容，如何？

這樣的構想馬上獲得孩子們的認同，只是有個學生突然提出問題：「老師，我們是高中生ㄋㄟ！那我們就不可以加入大專服務隊囉？」還有個學生更妙：「老師，我快要大學四年級了，那我畢業後就要退出了喔？」於是，想了想，我們的名稱就出現了：「爽中青年軍」，簡稱：「爽青」。（尚青啦！）

從「根」出發，然後開始茁壯，我希望「爽中青年軍」能在未來開出另一朵飄著家鄉味的花。幾年前，謝百亮校長的調校給了我一個很大的啟發：真正的好的領導，是即使領導者離開了，所有的事情都還是可以順利而正常的運作，甚至更好更突破。那樣的領導，才是最好的領導，真正的領導！

而我多希望，青年軍們可以把我對於「教育」這件事的堅持和信念，以另一種更為深耕在地的方式繼續傳承下去。以前，類似爽中這樣的偏鄉弱勢學區，總是只能期待誰誰誰之類的寒暑期營隊進駐或協助北中寮。但或許以後，青年軍們就可以自己協助自己，不用等待！

在未來的某一天，我終將可能會離開，但，離開的那一天，我希望看到我領導出來的孩子們都可以承擔起這一切，承擔起自己家鄉的分內事！

年復一年，這麼多年過去了。

每年暑假的「爽青棒球生活營」已經來到第七屆（二〇一五年）。我看著青年軍的孩子愈來愈能獨當一面，愈來愈能明白解決別人的問題就是增加自己的能力，愈來愈能實踐成就自己是快樂的，但成就別人才是一百倍的快樂。每年棒球營約莫需要召開四、五次的籌備會，我需要交代的事項愈來愈少，青年軍們能承擔處理的愈來愈多，但是那個讓青年軍自己當家做主的念頭卻從來沒有消失過。

二〇一五年的棒球營檢討會，我在會議中提出由大家推薦或自薦下一屆的總召集人選。因為過去七年都是由我指定人選，當我這樣提議時，所有人顯然一下子愣住了。於是我轉而希望大家離開後在臉書上進行推薦，我再來進行邀約或開放大家投票。

結果，幾天後，這個大男孩來到我的面前，自信而誠懇的說：「老師，我想要擔任這一屆的總召集人。」

這個大男孩家境極差，住在半山腰自家搭建的鐵皮屋，全家六口就擠在二十坪左右的空間，而且室內完全沒有隔間。

我去過他的家，知道他家的困窘，國中不在我任教班級，但是我清楚他的刻苦自勵。國中開始，他有了貴人相助（我前作中提到的瀧林書齋廖爺爺廖奶奶），因此求學費用不至於缺乏。升高中時他在基測獲得了全校最高分，錄取台中家商，靠著獎學金一路向上，然後考上了心中的第一志願——台灣科技大學。

他一直是青年軍的優秀成員與幹部，長得極高極瘦。每一年，當我看見他為了張羅小學員的洗澡水，奮力地用推車推動著超過他體重的大水桶，一桶又一桶的供應著，讓小朋友有熱水可以洗澡，我總會問他：「辛苦了，還好吧？」

他會揮著額頭的汗，笑笑地說：「應該的，這是我的工作職責啊！」

這兩年，他因為暑期必須服兵役，無法參與棒球營，但他總是盡可能在難得的假期空檔抽空回來關心營隊，或許只是半天，或許只是幾小時。

而此時，他站在我眼前，告訴我：「**這真是一個很棒的機會啊，老師。**」

他說，他想要完全承擔這一年的棒球營籌備：籌組幹部團隊，規劃營隊課程，處理招生事宜……等等。

他說，未來他想要創業，所以希望可以練習如何建構一個組織並運作。

他說，他想要學習負責做好一件事。

他說：「老師，你以前不是說過，希望未來青年軍是由在地孩子自主承擔？」

這一刻，我終於感覺我的青年軍逐漸不是我的青年軍了。

但，我卻完全沒有感到失去某樣原本掌握在自己手中的東西時的失落與惆悵。取而代之的，是一種踏實的放心，以及無與倫比的驕傲。

加油！野地的孩子。種子開花了，園丁怎會不開心？

2. 四校策略聯盟

中寮鄉是南投縣各鄉鎮中經濟資源最缺乏的地區。北中寮國中小四校位處偏僻，教育資源尤其匱乏，又逢九二一地震重創學區國中小，除永和國小外，其餘三校幾近全毀。幸得援建單位重建校園，硬體建設始獲新生。援建單位之一的證嚴上人開示：「我們已經盡力將硬體做到最好交給你們，接下來就看你們如何充實軟體了。」所謂軟體，即為教學品質。提升教學品質的諸多要素中，專業團隊是決定性關鍵。除了各校校內團隊力量的凝聚，跨校策略聯盟更是解決資源不足、地區專業師資未臻完備的最佳方法。

有鑑於此，當時（二〇〇三年）的清水國小林校長與我於九二學年度開始推動的，除了領域對話機制外，更有實質的合作內容。四校聯合運動會跨出成功的第一步之後，我們進行了更為緊密且深入的討論與觀摩，就榮譽制度、藝文特色及新校園運動等各項議題取得共識，提出以課程為主、各校藝文特色為輔，配套各項創新教學主題活動的聯合成果展示，架構了此一策略聯盟計畫。我們期許這樣的策略聯盟，能為學區學生創造更多學習機會，為社區家長提供更多未來願景，更為北中寮四校的發展開啟更多迎向希望的窗口。

我們預期透過領域專業對話，掌握學生學習優劣勢，銜接轉化學習教材，落實課程一貫精神；整合資源以解決師資不足的問題，發展陶藝、繪畫及國樂等藝文領域課程為共同特色，延展學生的學習機會；強化榮譽制度，刺激學習動機，型塑學習態度，養成生活教育，提升學習效能；規劃上下學期課程實施成果聯合發表活動，具體展現策略聯盟成效。

自二〇〇四年起陸續實施的包括：

- 領域專業對話：每學期一次，進行各領域主題討論、教學觀摩、經驗分享綜合座談，藉以分析學生學習優劣勢、討論教學問題解決策略、分享教學心得、研發銜接轉化學習教材、各項校際活動共識凝聚，及統整發展各校藝文特色。
- 統整連貫四校藝文領域主要發展項目：爽文國小為繪畫、國樂；清水國小為繪畫、國樂；永和國小為陶藝；爽文國中為陶藝、繪畫、絲竹樂。每學年下學期的六月辦理四校聯合成果發表，藉以落實課程統整精神、驗收藝文領域教學成效、提供學生發表機會、增進家長對學校認識、凝聚社區對學校認同、提升校外人士對四校之觀感，以及延長學生專業學習時間為至少三年。
- 推展榮譽制度：各校自行擬定適合各校實施之榮譽制度計畫，於學期中進行推動，每學年的第二學期辦理一次四校聯合跳蚤市場。四校學生平常於各自學校實施之榮譽制度中所獲得之獎勵點數，使用於兌換二手商品。

•統整鄉土教育：學區三個國小延續假日森林小學自然生態、人文歷史及鄉土語言做為學校本位課程，以各校為教學現場，於學期中實施各校之鄉土教學。爽文國中規劃學區內七個村莊為三個區塊，分三年輪狀實施校外鄉土教學，於每年隔宿露營時實施。結合社區資源如：龍眼林社區學園、樟平溪文化藝術協會、中寮鄉客家協會及地方耆老，希望驗收學生生活教育、促進學生認識鄉土文化、提升學生對家鄉之認同。

（四）提升基本能力

1. 每週，每個學生都要按照學期初規定的進度完成背誦內容。國文、英文老師於寒暑假時間參考下學期教材，規劃國文、英文各二十週進度，所選文章段落搭配教學進度所需，於學期初公布。

學生利用每節下課時間自行找任一位教師默背。當週進度於當週的每一天過關，可以得到的點數都不同，週五未過關或過關失敗，由教務組統一扣二十點；超前進度，則所獲點數為二十點乘以超前週數。

一年級下學期後，學生經教師認定長期表現優良，可獨立編組自行互相抽背，過關與否由小組長認定即可，任課教師只需不定期輔導或抽驗。教務組於每學期末統計同學未過關週數，必須於寒暑假期間到校，向校內志工學生或爽中青年軍補背完畢為止。

2.每個學生依照能力及程度分級，在國二結束時，精熟教育部公布國中學生必學之一千兩百個英文基本單字。我將這一千兩百個基本單字編輯整理成二十八單元的學習講義，學生人手一本。此外，我與學生配合講義錄製二十八回的單字聽力CD共四片，提供學生燒錄，以便自學。

每週規劃一天的晨光時間為聽力時間，由導師或英文老師陪伴學生聆聽並朗讀。每三週安排一次英語單字分級檢定，由我實施聽力測驗。一、二年級學生由英語教師依據學習能力劃分三級，每一級學生的受測難度及及格標準都不同。一共二十八單元的題庫由我及英語教師設計製作，設計後的每一張單元試卷皆可讓三級學生同時測驗。及格的同學給予點數獎勵，不及格的同學須於隔週或寒暑假補考，直到完成為止。

二〇一三年開始，由英語領域老師接手主導此項計畫，並於二〇一五年開始更進一步轉變成英語口說測驗。

學生每週一次利用晨讀時間收看「大家說英語」公播版，每三週一次進行個人口說測驗。測驗內容根據收看的「大家說英語」內容而來，由英語老師設計包含單字及句型的口說測驗卷。每學期四到五次利用晨讀時間，由我及兩位英語老師負責一對一口說測驗，並且秉持個別化精神，同樣區分不同程度孩子有不同過關要求。我協助設計測驗記錄表，做為英語老師分析學習成效及補救教學參考。

3.每位學生每個月都要閱讀至少三本課外讀物，並完成一篇心得寫作，由國文老師批改並公布優秀作品。

因欠缺圖書設備電子化借閱系統，規劃班級圖書櫃實施計畫，每個月第一週的第一節國文課，由國文老師帶領學生至圖書館指導選書。每位學生借三本（至少包含一本該月學校指定閱讀的主題，其餘亦可搭配本月國文教學進度相關書籍選讀），由國文老師指導學生登記於個人的圖書借閱登記本裡。每班設立圖書櫃，借回來的三本書之一先留著閱讀，兩本放置後面圖書櫃，以做為同學流通之用。

二〇一三年開始轉型為晨光閱讀時間，每週兩次，利用《蒲公英月刊》進行短文閱讀及摘要（I see）、感想（I feel）書寫。

二〇一五年E化借閱系統建置完成，與班級圖書櫃並行，並加入誠品書店及親子天下基金會的閱讀計畫。

所有基本能力的堅持，都得從蹲馬步開始。得不嫌麻煩，不怕繁瑣，得由陽春出發，由低階入門；得從行為的些微改變開始，得由量化要求著手；得由這麼這麼基本，卻無比無比重要的聽說讀寫開始！

翻轉階段（二〇〇八—）

（一）MAPS教學法發想與實驗

「MAPS是以學生為中心的原創教學法，包含四個核心元素：Mind Mapping（心智繪圖）、Asking Questions（提問策略）、Presentation（口說發表）、Scaffolding Instruction（同儕鷹架）。透過不同功能取向的提問設計，引導學生於課堂上小組共學以及課堂外自學完成完整心智繪圖（I see / I feel / I think）；學生必須進行口說發表及評論，以驗證並精熟閱讀理解程度，同時透過異質性分組的合作學習策略設計促進同儕搭建學習鷹架，以確保各種程度學生有效學習與提升動機，同時，MAPS教學法設計四個學習進程（Process），逐步引導學生由P1共學階段進入P4自學階段。

不同於其他翻轉教室（Flipped Classroom），針對台灣教學現場尚未解決的數位及城鄉落差，MAPS並不強調一開始就要求學生在家完成觀看各類型線上學習媒材，而是強調透過系統化教學設計引導並激發學生在課堂上學會如何學習，唯有如此，課堂外各種形式的學習才會發生。」（摘自《我的草根翻轉》，王政忠，親子天下出版）

MAPS教學法是在追求教學如何有效的反省嘗試歷程中，由觀察問題、分析問題、擬定策略、嘗試教學、後效檢測、修正策略、嘗試教學、後效檢測、修正策略……這一系列過程中逐漸定案。這個仍在持續的過程，使得MAPS教學法是動態的，是有機的，具備有效教學的核心元素與必要表徵。

MAPS教學法獲得二〇一四年教育部教學卓越團隊全國金質獎，目前爽文國中國文領域老師皆使用此一教學法。透過國文領域共備產出教材，並且調整段考內容呼應教學法。加入手寫題並延長考試時間為六十分鐘，充分服膺「我們考我們教的，我們教的我們負責」的信念。

近幾年在以「測驗閱讀理解能力與素養」為導向的國中會考中，達A比例超越全國平均值，未達B比例低於全國平均。

（二）遠距視訊計畫及英語夏令營

歷經打底階段，我們積極思考，並嘗試解決課堂與生活之間學用斷層的現象，從二〇一二年起，透過尋求社會資源，進行英語學習的翻轉模式。

二〇一二年九月起，將八年級學生分組，透過skype視訊軟體，與美國紐約聖羅倫斯大學教育系王瑩助理教授所招募的外籍學生進行遠距英語學習。每週一次，每組兩位美籍大學生對六位本校學生進行視訊對話，每次實施五十分鐘。課程以主題方式進行，對話內容結合台灣美國兩地風土文化及生活習慣，融入課程教學進度之核心文法與句型，適當擴充字彙使用質量，培養學生英語學習之核心目標——溝通。

二〇一三年七月辦理英語營隊，由王瑩教授帶領十二位進行視訊教學的美籍大學生到本校辦理活動，為期十天。營隊課程規劃為上午四節由大學生設計活動，驗收一學年的教學內容，下午由本校學生指導美籍大學生學習本校特色課程——陶藝、美術及國樂，晚上並規劃美籍大學生輪流到學生家裡進行homestay。

二〇一四年起，延續英語夏令營精神，招募國內各大專院校對英文教育志工服務有興趣之學生，以及國內英語系、外國人士英文教育志工，到校辦理營隊，營隊內容規劃如下：

- 招募：由我透過網路號召，有意願的大學生及社會人士填寫報名表格申請。初步篩選後再以電話進行會談，錄取三十位志工。二〇一五年開始獲中興大學、文藻大學、中正大學、臺灣師範大學等校方認同，每年薦派學生參與。
- 培訓：為期五天，在爽文國中舉行，由我邀請校內及校外英語教學專業教師志工授課，並由我協助輔導設計營隊課程。
- 課程規劃：參與學生分為八個小隊。每個小隊裡都有四種不同程度的學生（A、B、C、D），以及不同年級的學生（一升二、二升三），每天六十至八十分鐘的英語課程。學生按照程度分組上課，打破小隊編制，同時有八個組別上課（3A、3B、3C、3D、2A、2B、2C、2D）。另外規劃社團課程，志工設計英語融入社團活動，學生自由選社，每人至少參與五種社團。每日另有小隊時間，為營隊最後一天的成果展演節目作準備，回歸小隊編制，節目內容由各小隊師生設計，以戲劇為主。每週有一次大地遊戲，一樣是以英語使用融入為主，以小隊編制為主，採取闖關模式進行。
- 其他：營隊期間每日晚餐後進行討論與設計，隔天早上利用學校資源完成學習單等設計，並進行試教或活動演練。另於會議室設置營隊基地提供投影機、電子白板、筆電、印表機等備課所需。

- 家長以低價提供環境優美的民宿小木屋做為志工宿舍，另有家長協助志工每日交通接駁。

二〇一三年第一次英語夏令營讓學生大開眼界，看見英語走進偏鄉，但最後一日的成果發表，僅有一個小隊完成英語戲劇演出。二〇一六年的營隊成果發表，則是全校所有小隊皆完成八至十分鐘的英語戲劇演出，精采又動人。

近幾年的國中會考中，爽中學生英語達A比例超越全國平均值，英聽成績整體平均亦遠遠超越全國偏鄉水準。

（三）合作學習、提問導向與口說發表

二〇〇九年起，身為教務主任的我，將更大比重的心力放在校內夥伴課堂教學改變的建構歷程，實施策略則為：以身作則。

教務主任為一個學校「教學專業領導」的靈魂人物，如果只是「由上而下」的以行政力量要求教師同儕進行教學改變，恐難收實質成效。一個離開教學現場的教務主任，是無法帶領教師進行課堂教學改變的。因此，我率先在我的國文課堂內進行「教學思維翻轉」，諸如：

- 聽講的學習質能較差，但不可或缺，透過提問策略包裝與設計，就是好的講

述。好的講述，能帶領學生逐步進入處理學習任務的狀態，能促進學生思考、引起學生好奇、帶領學生在心中不斷與講者對話、刺激學生形成想像與猜測。

- 學習深度與廣度的提升，來自於有層次的提問帶領。不同層次的問題，安排在同一個學習資料的不同教學步驟中進行，且各有不同的教學目標。有層次的帶領學生從新舊經驗的連結，到訊息的檢索與理解、解釋與思辨，並能從解讀觀點進入建構觀點，讓知識獲得、能力建構及素養養成循序漸進，並且環環相扣。

- 在班級經營中建立示範：班級經營就是最好的教學示範。錯誤的答案就是最好的下一題，循著錯誤或偏差的答案，進行反問與追問，藉以進行澄清觀點與釐清脈絡。

這是教師在問思教學時帶給學生最重要的示範，讓學生明白探索與發現的過程充滿無限可能，找出來的才叫做知識，解決出來的才叫做能力，感受與內化的才是素養。這樣的示範，能夠更順利經營出信賴與安心的班級氣氛。這種氣氛對於合作學習的開展舉足輕重，對於提問策略的加深加廣至關重要，對於同儕鷹架的搭建與撤離不可或缺，對於口說發表的順利進行攸關至極。

- 討論的發生需要教師望聞問切，以偏鄉醫療巡迴車的精神，進行各組之間的望聞問切。主動出擊，在各組間進行問診。

望，指的是觀察學生的表情、臉色、肢體，及小組成員的氣氛、互動和味道。給予適時的關心與同理，往往有助於阻斷學生因情緒波動帶來的學習干擾。

聞，指的是傾聽學生個人的聲音、語調，傾聽組間對話以及個人陳述的內容與邏輯，有助於進入教師下一個策略。

問，指的是教師的組間發問，當組間討論出現明顯的方向錯誤時，我會進行「反問」，以協助學生在迷思點上自我澄清；當組間出現討論停滯時，進行「追問」，以協助學生在上不去的「gap」前，能夠獲得老師的鷹架援助。當組間突破關鍵點，討論正確、精采或有創意時，以及有良好的討論氣氛時，進行「明知故問」，引導學生說出值得他組同學學習效法的討論模式及策略，增強討論信心，並提供他組進行學習參考。

切，指的是各組不同的課後處方。透過望聞問切，讓討論真正發生，合作學習的學習也才會真正發生。

- 實作的目的在有效學習，但有效的合作學習也會束縛有效學習，亦即中高程度學生發生不願意指導他人的現象。對推行合作學習而言，這是課堂教學的一大阻礙，而解決這個合作學習教學法瓶頸的策略是：抽離自學。抽離自學可讓學習優勢者保持學習熱情、產生組內下一個領導者、差異化學習任務產生楷模學習、尚未抽離者產生有為者亦若是的學習願景。如此一來，有效的合作學習才會繼續有效。

- 教會別人才是真正學會：教會別人需要面對更多不同於自己學習時的困難點，能運用學會的觀念與能力，以不同路徑解決同一學習任務的不同困難，當然能讓學會的內容更精熟，學習層次更高。透過課堂每一個環節的設計，協助「教的人教會」以及「學的人學會」。讓需要被協助的成員獲得協助而真正學會，讓協助的人真正因為教會而學得更精熟、層次更高。

歷經五年，我在課堂的實驗與改變，做到了「醞釀」、「鋪陳」、「示範」等「教學專業領導」必要且必經過程，有形無形的協助校內教師夥伴在起心動念想要嘗試教學改變時，不必同時面對「本身學科專業」以外的「班級經營」、「教學技巧」等巨大改變。因為學生已經熟悉「討論」、「發表」、「提問」等學習模式，對於教師進行教學改變，是重要關鍵因素。

目前為止，校內八成以上教師皆常態性的以「合作學習」為主軸，搭配「提問」與「發表」策略進行課堂教學。國文科三位教師更是全面採用MAPS教學法，透過共備產出教材。

（四）學習之星計畫

自二〇一三年起，全面取消早自習固定考試，改以「晨光閱讀」、「大家說英語」、「班級經營師生對話」為主軸，輔以「學習之星」取代「週考頒獎」。

教師觀察學生「作業表現」、「課堂參與」、「進步情形」，每週提報二至三位學科學習之星，於週五週會時間進行表揚。希望放大增強學習歷程，鼓勵學習行為，而非局限在學習成績。

實施以來，全校每週平均有近半數學生會在週會時間起立，接受全校師生歡呼鼓掌，充分發揮拉拔、肯定學習成績位於中下，但兢兢業業於課業及學習的學生。

（五）社會資源導入多元營隊

為了讓學生培養以「問題解決導向」的能力，二〇一四年起，利用寒暑假期間尋求社會及企業資源，辦理各項多元營隊，包含：邀請中華航空公司近百位空服員到校辦理英語日，讓學生以英語完成購票、劃位、登機等等各項流程；邀請法國巴黎人壽公司到校辦理金融理財營，讓學生規劃財務運用，並以心智繪圖解決財務問題；邀請電影協會到校辦理微電影營隊，讓學生學習從編寫腳本、拍攝、剪輯、配樂及後製，完成一部微電影……等。

凡此種種，都希望讓學生運用課堂所學知識，進行問題解決之能力培養，產生用以致學的多元能力與素養。

（六）多元社團及活動籌辦

自二〇一四年起擴大社團規模，並鼓勵學生自創社團。目前全校六班，固定有六至七個常態性多元社團，包含：桌遊社、舞蹈社、手工藝社、電影研究社等，讓學生多元天賦得以探索並發揮，提供學生更多樣寬廣的成功機會。每學期並辦理社團成果發表，讓學生彼此欣賞學習成果。

延續上述精神，畢業典禮活動設計規劃亦交由畢業班組成籌備小組。包含場地布置、感恩活動、成果發表、畢業光碟、畢業歌曲等，由學生自主籌備，教師從旁輔導，充分展現「專案管理」的規劃與執行能力，從中驗收三年學習的溝通、合作、領導等未來世界的必備能力。

謝謝你們，我震盪的孩子們

一場世紀地震重創了台灣，尤其重創了北中寮，一聲孩子的呼喚：「老師，你會不會回來？」改變了我的人生，讓我有機會與我爽中的夥伴們一起建構「爽中經驗」。我無法矯情的感謝這一場地震，但我真心感念這一路在地震後與我一起走過的夥伴與學生。僅以九二一地震十五年後有感而發的一段文字，為第一章作結。

一九九九．九．二一，強震來襲，地動天搖的夜裡，萬千懷胎的母親尖叫，哭喊，奔竄逃往四面八方。

二〇一五．五．一六，從四面八方而來趕赴考場的少男少女，正是那夜被緊緊捧在懷裡的胚胎或雛形。

這屆國三，是爽中從谷底翻轉逐步而上以來，學科成績較前後幾屆最不理想的。老師們心裡明白，孩子們自己也明白，我們未曾刻意比較或明示暗示，而是孩子們已經在這幾年當中深深以身為爽中學生為榮，所以他們自己會在意、會明白。他們屢屢從數字中感受自己追不上前幾屆學長姊的成績優秀，又常常被學弟妹的傑出追趕。

這批孩子國一入學的那年暑假，第一線接觸的我及其他任課老師，從課堂遲緩的問答反應感覺出與前幾屆的差異。不過我們不以為怪，因為每年的小國一，我們都得從零開始，甚至為數不少得從負數拉拔而上。我們只是直覺地將這樣不尋常的落差歸因於各屆的狀況不同，而且這屆的單親、依親、隔代、低收入、新移民比例是歷年新高，將近六成。

「或許是這屆需要更努力的拉拔吧！」我跟夥伴們這樣說。

一個學期過去了，按照過去所有對國一新生實施的策略，我的夥伴和我一樣認真而辛苦的或拉或推或軟或硬的堅持著。就如同過去的每一屆一樣，堅持基本能力，激發學習動機，創造成功機會，塑造學習氛圍。

所有該做的，我們都一樣不少，如同以往。

但，對於每一屆在哪一個時間點應該來到哪一種基本樣子的期待，卻屢屢落空。學科成績依然低落，多元活動參與表現遠遠低於過去的平均值。

更令人納悶的是：怎麼生活常規還是鬆脫，脫序舉動層出不窮，個別的偏差行為屢見不鮮。

怎麼會這樣？爽文國中這十年來的特色，就是愈高年級愈乖愈穩定。國一上像猴子，國一下漸入佳境，國二穩定成熟，國三開花結果。但，怎麼會一個學期過去了還是這樣？

課堂眼神的渙散、無光、失焦令人心慌。

內心世界的躁動、不安、閃爍，藏不住的外顯。

怎麼會這樣？夥伴們和我一如往常的在課堂上努力，在課堂外堅持，國小沒有建構起來的基本能力會漸漸的在半年之後開始成長。但，連上課的狀況都浮躁又沉悶，更遑論基本能力的提升。一學期已經過去了，怎麼還是這樣？

我和夥伴們甚至思考著我們過去所堅持的教學信仰是否出了錯？

一次又一次的校內大小會議，甚至召集學區內策略聯盟夥伴學校進行的對話，搔破頭的揣想著各種可能的原因和對策。每次會議後所實施的各種策略，往往只能維繫幾週甚至幾天的回神，常常是那一不注意的片刻，孩子們在被責罵被斥喝被鼓勵被嘉勉的轉身後，又彷彿什麼都沒有發生過的依然如故、雲淡風輕。

到底怎麼了？

接著，一年級上學期過去的寒假，跨學區轉進來的某個學生轉回原學區了。

這是重重的一擊。即便我的夥伴們從來不會把跨學區轉進來當作是一種需要掛在嘴邊說嘴的談資，即便我們從來就不會為了透過行使教育選擇跨區轉進來的孩子而膽顫心驚臨淵履薄，更即便我們從來就認為讓留下就讀的在地孩子享有公平專業的基本受教權，才是我們應該念茲在茲全力以赴的神聖天職。

但，這還是重重的一擊。

這個在爽中讀了一學期、成績名列前茅的孩子轉進來又轉出去，是這幾年沒有在爽中發生的事。特別是這位孩子的姊姊跟他同時轉進來，還一路念到了國三，會考只差一題就拿到5A。

這樣的納悶甚至因此轉成了懷疑，懷疑甚至顯現了頻繁的焦躁，師生都是。不至於束手無策，但確實白頭搔更短。

一直到那年三月，某一次的全縣國中教務主任會議，我跟十幾位縣內他校夥伴無意間談到此事，這才驚訝的發現：其他學校的這一屆也有類似狀況。情緒普遍躁動，課堂反應不靈光，其中共同的主要特徵是：不容易專注，好不容易專注了，卻又維持不久。

一位埔里地區的教務主任突然說：「我有個觀察，我們這幾個學校恰巧都位於九二一地震的重災區，而這一屆剛好就是地震時在母親肚裡的孩子，會不會是這樣的原因？」

這樣的說法剎那間像電流一樣竄過我全身。

我知道胎教的神奇，但令我更為心疼的原因，不僅是震盪孩子的地震那一晚，而是災後重建那兩三年母親與父親的身心俱疲。他們在母體內或襁褓時，就要不斷面對與承受父母的情緒震盪。北中寮地區是全台灣最貧窮的平地鄉鎮之一，加上地震就更慘了。那家毀人亡、百廢待舉的父親母親，會不會無可避免的讓情緒透過臍帶、透過聲音、透過神情、透過眉宇、透過言語感染了孩子——不管是在肚裡或在襁褓裡的孩子。

這是生命中何其難以承受的震盪。

回來後，我跟夥伴們說了這樣的事。

一陣議論紛紛後，有個老師說：「可憐的孩子啊，父母親的無助、不安、挫折、沮喪、無望、焦躁，會不會都傳遞給了他們啊？」

那之後，我和夥伴們突然有了不須言喻的默契。

我們依然堅持著應該要堅持的，一如往常，一如過去爽中的十年、十五年。

是的，一如往常的堅持。

更長更久的等待，但沒有放棄要求他們完成通過基本能力；更多更寬的舞台，但沒有放棄要求他們自己爭取成功機會；更強更大的鼓勵，但沒有放棄要求他們最終內化學習動機；更廣更深的經營，但沒有放棄要求他們形成同儕學習氛圍。

始終沒有放棄，只是願意更有耐心，更願意等待，更願意不理所當然的看待他們應該如同之前之後的每一屆。

國三那一年，他們成了國樂團的主力，爽文國中獲得成軍以來最高的成績，他們興奮的神情溢於言表。參加技藝學程的孩子比以往都要來得投入，獲選代表參加技藝競賽的孩子甚至練習到晚上九點才回家；主動詢問我是否可以在畢業後加入青年軍的孩子人數創歷年新高。並且在迅速完成我交代調查棒球營的事項之後，留下一張字條在我桌上：「主任，小靜辦事你放心，啾咪。」

資深導師說：這是歷年來最不油不膩的國三。

很可愛，很純真，也開始不那麼鈍了。

但第一次模擬考還是重創他們的信心。不但沒有5A，也沒有4A，成績甚至跟以暖身性質參與測驗的二年級學弟妹相當。

週會全校集合，我要他們抬起頭，問：「知不知道這樣的成績代表什麼意義？」還要再加油？不夠認真？網路遊戲要少打一點？上課要認真一點？

各式各樣沮喪或自責或洩氣的答案此起彼落。

「不是，再想。」我看著他們。

會壞了傳統？沒有做好榜樣？

「不對。你們的學長姐這十年建立起來的傳統，不是來自於成績數字，而是態度。再想想。」

一陣沉默。

「這代表起點。」

我說：「這代表你們出發的起點。我們繼續加油，看看我們可以一起離開多遠，走到多遠，好嗎？」

孩子們露出微笑，很傻氣很純真，一如平日的那一種。

慢慢的，3A穩定了，4A偶會出現。成績後半段的族群甚至出現4B、3B的孩子。

國三上尾聲，任課教師主動找導師一起討論，規劃要在四月開始留孩子晚自習。過去這幾年，是否晚自習都由校長在寒假主導討論，然後由我規劃導師及任課老師輪值。今年新任校長較為客氣，加上寒假未到，尚未提及此一議題，但任課教師們卻主動的規劃輪值。那時是午休時間，加上我不是這一屆的任課教師，所以老師們沒有找我討論，我是在朦朧中聽到這些對話。我本想起身，但又坐下，決定不起身參與，只是瞇著眼，微笑的聽著。

晚自習的那六週，只要在學校，我常常默默在樓下辦公室陪到最後。他們離開下樓經過我的辦公室，會開心的跟我說再見。我會抬起頭，揮揮手，看他們離開，然後關燈離開。

會考前一天，全校聚集，照慣例邊吃著包子、粽子，邊讓國三孩子上講台為自己為夥伴加油打氣。

一個又一個孩子上台喊話，氣氛一如往常的歡樂，直到小翰上台，全校成績最好的小男生，他也是大隊長。

「我們一直努力走到今天，明天就讓我們笑著進考場，笑著走出考場。」他洪量而自信的說著。

我突然發現：啊，長大了啊，震盪的孩子們。長大了啊。

「如果小翰拿5A，全三年級吃牛排，我請客。」我喊了出來，全三年級鼓掌尖叫。

接著小君上台，成績最好的女生。

她一慣羞赧的微笑上台，但是一樣自信而從容的發表了誓師宣言。

下台前，同學喊出：「主任，小君也可以5A，為什麼沒有牛排。」

我說：「可以嗎？」

她還是羞赧的漲紅著臉，但是輕輕的點點頭。

我說：「小君5A，全校吃牛排。」

全校歡呼。

就在剛剛，會考結束了。

第一天社會考完時，有幾個成績不怎麼樣的孩子跟我說：「主任，我們贏了。」

我說：「怎麼說？」

「我們隔壁那一排不知道什麼學校，二十分鐘後就全部趴下去了，一整排ㄟ。」

「那你們呢？」

「我們都沒有喔！每一題都一直看，看到最後寫到最後，鐘聲響才交卷的喔！」

「很好，待會喝養樂多！」

「吔！」

寫作測驗後又來一次。

英文考完後，那個被暱稱外國人的小女生經過，我問了一聲：「還好嗎？」

她笑笑：「還可以，A應該沒問題。」

就這樣，震盪的孩子們，也走過了這一程。

明天過後，成績會陸續揭曉，然後開始親師生諮詢對話選填志願。

一如往常，我們會堅持並支持：孩子想去的地方就是第一志願。

也許今年會有一些孩子不能如同過去一樣：有能力去到想去的地方。

但，人生的震盪離開校園之後才開始，一出生就飽經震盪的爽中這一屆，或許更懂得如何走過這樣的跌宕起伏。

而有幸遇見震盪的這一屆，對我，對我的夥伴而言，都學習到如何一如往常的堅持——以一種不同以往的態度。

過去，每一次國樂團的孩子完成音樂比賽回到學校，我總會在音樂教室跟他們鞠躬說謝謝，謝謝他們又帶給我美好的一年。現在，我也想要跟這一屆震盪的孩子說謝謝，謝謝你們讓我溫習了如何回到初衷的堅持。

謝謝你們，我震盪的孩子們。

【第二部】

夢・釐清脈絡

這麼多年過去，我在這裡，一個偏鄉，
我知道營造閱讀環境的重要，也知道耐心等待孩子發芽的必要，
更體會了透過有效教學進行翻轉的需要。

偏鄉孩子需要被翻轉的，不只是學習的態度，更不僅只是學習的能力。
他們更需要被翻轉的，是他們的人生，他們的命運。
即便是在偏鄉原鄉或離島，只要得到專業而公平的對待，
被翻轉的，就不僅僅只是教與學，而是一個孩子的人生。

這不是一件簡單的事，
但卻是身處偏鄉原鄉海邊離島的教師夥伴們的神聖使命。
是的，就是你跟我的destiny。

翻轉老實說——從偏鄉角度看翻轉浪潮

二〇一二年起，我有機會受邀到台灣更多的學校分享「爽中經驗」，特別是偏鄉原鄉離島的中小學。愈是去到更多的學校，就更體悟「偏鄉原鄉是我們這些學校的共同名字，卻不是我們共同的樣子。」

每個學校都有狀況殊異不一的環境與文化積累而成的老問題，更有許多因為時代變遷——諸如少子化、交通便利造成城鄉距離縮短、數位教學模式等——產生的新挑戰。這讓我更堅定相信，沒有一套經營策略——比如「爽中經驗」——可以完全解決另一個學校的所有問題。

此外，相異於偏鄉原鄉，在這五到十年之間，城市正風起雲湧掀起一股翻轉教學的浪潮。

對我而言，我的翻轉教學定義是「反省教學，回歸學習的本質」。以此檢視，台灣這一波由下而上、教師自主的對於教學專業的省思與改革，完完全全符合我認同的

「翻轉教學」定義。它不是完全移植源於美國的翻轉教室，更多的是對於「lecture at home, homework in class」的省思與鋪墊；它更不是照本宣科來自日本的學習共同體，更多的是對於「合作競爭，自學共學」的體悟與調和。

城市教師在許多熱血教師藉著網路社群興起的推波助瀾之下，社會輿論氛圍、行政官僚體系與家長教育思維逐漸被扭轉，城市教師因此得到前所未有的支持力道，只要老師願意，在課堂進行的各項教學改變就會得到或多或少的支持。因為走訪的地方不只是偏鄉原鄉，結識的教師夥伴遍及全台灣，這樣的浪潮我也身處其中，就近觀察。除了感佩許多熱血教師願意「反省教學，回歸學習本質」的創造或投入這場教學草根翻轉，不免仍會以「偏鄉出身」的角度反思這一波的翻轉浪潮。

城鄉差距是否會更急劇的拉開？科技定義的迷思是否會造成教師角色混淆？家長在這一波翻轉浪潮中的定位如何？熱情之後的專業與教學核心是否更被彰顯與重視？廟堂之上的思維如果不翻轉，行政的無邊地獄綑綁何時能休？象牙塔之內的專家學者如果不離開會場，走進現場，「偏鄉」這兩個字是否將永遠淪為每一次教育改革的過場？翻轉與有效，如何兼顧？學生在宣揚創新教學法中的定位？

這一章節所提出的「翻轉老實說」，部分整理自近年我公開發表的看法整理，部分係首次公諸於世，除了是我對上列命題的論述，更是我在這樣的觀察與省思之後，終於下定決心號召「我有一個夢」的內在脈絡。

偏鄉原鄉，會不會愈來愈遠？

這幾年，大家都在講翻轉。

我很早就開始在我的教室裡翻轉。

從十五年前的透過行政策略翻轉偏鄉的學習現況，到這四、五年，聚焦在我的課堂內的教學翻轉。

我深深體會：愈是偏鄉，愈是弱勢，愈是需要有人帶領這些起點遠遠落後的孩子們翻轉。

特別是十二年國教第一次會考之後，我愈來愈懷疑：體制內的教育政策，是否能夠帶領孩子們藉由受教育翻轉人生？教育主管機關沸沸揚揚的討論著都會地區入學管道的技術性問題，完全忽視偏鄉地區牽動孩子學習成效的基本問題。

長久以來，偏鄉弱勢的孩子面臨的始終不是如何選的問題，而是沒有能力可以選；之所以沒有能力選，是因為沒有得到和城市同樣專業而公平的教學對待。

連稍稍夠專業的師資都找不到的課堂，如何翻轉？

沒有老師，如何翻轉？

不是每個偏鄉原鄉的老師都不夠專業，而是偏鄉原鄉的專業師資太少太少。我就在偏鄉，我清楚知道，偏鄉教育的問題從來不是錢，而是人。走過、演講過的偏鄉原鄉離島學校超過兩百所，我清清楚楚的看見，這樣的師資缺乏有多惡劣。

翻轉是需要專業的，不僅是熱情而已。沒有專業，是沒有辦法真正翻轉孩子的學習的。比之於從前的以教師為中心的教學模式，翻轉課堂需要更專業的老師。

但，沒有老師，怎麼翻轉？

我的意思是：沒有夠專業的老師，怎麼帶領孩子翻轉？

於是，都市或者稍稍都市的地方，翻轉如火如荼地燎原，都市的翻轉名師帶領著一群又一群原本就夠專業的老師們義無反顧的翻轉著。

這一群又一群追隨的老師，原本就夠專業，但被過往長久以來的教學生態消磨了熱情。如今，熱情被喚醒，專業緊跟而上，模範就在眼前，單打獨鬥轉眼集結成了熱血之師。

他們的孩子多麼幸福。

而偏鄉呢？原鄉呢？離島呢？

我再說一次：沒有專業的老師怎麼翻轉？

連起碼的合格代課代理老師都聘不到了，又怎麼奢求專業？怎麼奢求翻轉？

於是，我擔心：這樣一波的熱血翻轉，會不會是又一次大幅拉開城鄉差距的無心之舉？

我支持翻轉，我也在翻轉，而且翻轉很久很久了。但，老實說，我有些擔心——

好吧，是很擔心。跟不上翻轉的偏鄉，沒有專業師資可以翻轉的原鄉，會不會被遠遠遠的、更遠更遠的被遺忘在原地？

燃眉之急

我只是就事論事。

第一次接觸到學思達的老師夥伴，大概很難不會因為張輝誠老師班上的教室風景而讚歎，而感動，甚而落淚，然後興起有為者亦若是的雄心壯志。但我想，應該更多的老師——特別是偏鄉原鄉的老師——在回到自己班上，看見自己的孩子之後，心裡或許都會默默的喟歎一聲：唉，我的學生不是每個都是PR 97、98的啊。

的確，在我的班上，特別是在國一新生班，學生程度從PR 8到PR 78都會有。不要說PR 98、90，只要哪一年有個程度還不錯的新生入學，就會引起校內教師夥伴的同聲驚歎了。

這些能夠進入張輝誠老師學校的孩子——也就是學業成就PR 97、98的孩子——經過一路升學測驗的揀選淬鍊，要不是已經具備自學的「能力」，要不就是已經具備自學的「態度」，但我相信，更多是兩者都具備，只是在過去一路的升學煉獄當中失去了學習的熱情。一旦碰上這樣的熱血教師，以專業而有系統方式引導、啟發、鼓舞或激勵，那種潛藏已久而爆發的學習風景，當然就會像葉丙成教授所說的「學習飢餓感」。

更可怕的是缺乏態度

然而，更多更多類似於我的教學現場（偏鄉原鄉國中常態編班）的夥伴們所面對的孩子，要不是沒有自學的能力，要不就是沒有自學的態度，而且的確為數不少的孩子是兩者都沒有的——特別是國一的新生。

沒有能力是可怕的，但沒有態度更可怕。

沒有能力，上不了舞台；沒有態度，連舞台都不想上。

這幾年，張輝誠老師和學思達（或以學思達為核心概念的翻轉教學法）的許多專家教師們也意識到，中小學現場因為常態編班，必然會出現程度落差嚴重問題。因此，在設計或修正學思達等翻轉教學的模式時，強調或證明學思達等翻轉教學即便在這樣的常態班級一樣有效且可操作，甚或可以改變或解決常態班級在過去傳統教學模式下常出現的沉悶無趣逃避低效能。

我很敬佩這樣一群為台灣教育努力的夥伴們，也經常在張老師或學思達的臉書平台上看見許多好消息傳來。我衷心希望這樣的好消息持續傳出，也希望有更多的教室風景因為老師的願意翻轉而有了改變與流動，更希望看見在這樣的教室風景過後，有更多的孩子在學習成效上有更札實的成長。

只不過，我想更多夥伴更關心的問題是：為什麼還是這麼多這麼多偏鄉原鄉的班級翻轉不起來？

自學能力是問題，但這也是我們偏鄉原鄉教師之所以存在、之所以要翻轉的價值與意義。這不能是藉口。更大的問題是自學態度，而燃眉之急，就在國小。

我常開玩笑的對我自己每年國一班的學生說：「在教你們國文之前，我得先解凍你們的腦袋。」快則半年，慢則一年，甚至更久，孩子們才會真正的體會到：「我才是學習的主人。」我的孩子在過去長長的六年裡太習慣自己是教室的客人，這樣的客人學習模式之所以會養成，我觀察的原因有二：

1. 老師太習慣自己是主人

學生等著老師給答案，等著老師說解答。月考前把這樣的答案或課文反覆唸幾遍，成績也就多少能交代得過去，老師也不會在月考命題時做多一點靈活的變化來為難自己；學生考得不錯，也就可以證明自己教得還可以。於是，長長的六年過去，老師習以為常的給，學生也就習以為常的等；教科書照本宣科，成卷題庫選取輸出，既省事又方便。山中無甲子，寒盡不知年，主客相安無事便罷。

2. 老師誤以為學生已經是主人

幾場春雷驚醒了平穩的靜好歲月，一下子要學習共同體，一下子又要翻轉教育。於是幾番研習過後，教室調整了座位，三人或四人一組，學習任務分配給組長，組長分配給組員。知道讓孩子帶回家不可能會完成，於是就在班上開放討論，美其名為小組合作學習，實則包商轉包工程而已。老師於是成了大盤商，組長是中盤商，組員是小盤商，學習任務成了分割零碎的小型工程。

這樣的模式，學生豈是主人？無非是完成大盤商分配的零碎任務的小包商而已。

第一種模式養成的客人，純潔天真，解凍所需時間還好。第二種模式養成的客人誤會已深，進入我的班上，知道我的教學模式，第一時間心裡便會嘀咕「又來了」，然後便搬出習以為常的那一套應付。這樣的客人要解凍，既難又耗時。

但不管如何，這是我之所以在這裡的價值和意義。

所以我仍努力地翻轉著。

我的國一孩子才開始兩個月，但我的確感受到他們的翻身與轉變。

我只是就事論事。我不代表所有的國中老師，所感受到的國一新生現況，也不代表所有的國小夥伴。

但我仍願意直說：燃眉之急在國小。

以我身處的南投縣，真正開始或已經翻轉教學的原鄉或偏鄉班級有幾個？十個？或者二十個？而整個南投縣有一百八十所左右的國小，至少是一千五百個班級，這樣的翻轉速度及廣度，真的太慢。

花東呢？屏東呢？雲林呢？金馬離島呢？或是我去過、看過、分享過的台中市和平區呢？澎湖縣的七美呢？高雄市的那瑪夏呢？

傳統教學法讓過去偏鄉原鄉學生以緩慢的速度被拉開與城市的差距，而翻轉教學肯定會讓這樣的拉開速度更劇烈。這樣的速度，讓人擔憂，甚至不忍預見。

如果國小跟不上，國中被拉開的速度就更驚人。

如果國小的翻轉態度沒有正確建立，國中就要花更多心力從頭開始。到了高中職大學呢？

會不會就是更多因為無趣沉悶低成就而早早就放棄學習的孩子。

讓更多國小老師接觸翻轉概念

當更多翻轉教室的孩子隨著被翻轉的時間愈久，擁有更深厚的自學能力和自學態度時，偏鄉原鄉的孩子還在等。我們樂見每個孩子都擁有如同PR 97、98的孩子一樣的好學樂學自學的態度，而所謂的「每個」孩子，當然包括更多更多現在還在等待的偏鄉原鄉的孩子們。

學思達很好，翻轉很好，但必須有更多更多的偏鄉原鄉國小老師知道它的好。必須有更多的偏鄉原鄉國小老師有機會接觸、學習、理解、認知更正確的翻轉概念；必須有更多的翻轉名師或平台願意帶領偏鄉國小班級進行真正的翻轉；必須有更多偏鄉原鄉的國小老師知道並且願意翻轉——不論是不是叫做學思達。

只要願意真正以學生為主人的教學，都是翻轉。

不能只是研習，要實作；不能只是講一個概念，而是要擬一套做法。不能只是短暫來去，而是要有人留下深耕。

均一平台的初衷是均等、一流，這幾年也花了很多心力與資源在偏鄉原鄉。學思達等翻轉夥伴們的初衷，是透過老師的翻轉，改變台灣孩子的學習樣態。這麼多的有志之士，都在為台灣的孩子努力。

他們也是台灣的孩子。

需要有更多人願意關注這個燃眉之急。

翻轉的罩門是家庭功能

還是想從這樣的幾個場景說起。

第一個畫面：

好不容易終於出席的偏鄉家長（大部分是阿公阿嬤），在親師座談現場被老師校長聲嘶力竭耳提面命好說歹說回家要陪孩子讀書，不要一直看電視，心裡的OS可能有這些：

OS1：我在外面（或工廠）工作了一天，又累又熱，回到家只想開電風扇吃飽飯看世間情，你還要我督促小孩寫功課？

OS2：小孩子在學校上了一天課，回家還要念什麼書啦？

OS3：家裡的菁仔（檳榔）還沒剪完，念書能當飯吃ㄋㄧ？

OS4……

第二個畫面：

在外面（或工廠）熱了一天、累了一天的爸爸或媽媽，回到家吃飽飯打開電視，房間裡的小孩傳來一聲：「爸（媽），你電視小聲一點，我在寫功課讀書ㄟ……」

第三個畫面：

夜市攤人潮漸少，被依親長輩抓來幫忙擺攤的小孩安靜的躲在角落。

長輩問：「你在幹嘛？」

孩子說：「我在畫圖。」

問：「畫什麼圖？」

答：「國文的圖。」

問：「國語也要畫圖？」

第四個畫面：

孩子的爸爸跟爸爸的女朋友在喝酒聊天，雙雙醉倒之後，孩子躡手躡腳的收拾客廳裡電視機前的那一方茶几，然後攤開作業，終於有空間可以寫字。

弱勢家庭的核心問題及解決優勢

我還可以舉更多的例子。

更多更多在我的、還有你的教學現場看過、發生過的下課後或假期狀況。

我想問：哪一個會對家長產生影響？如果產生影響，是什麼原因讓影響產生？

這些都是所謂的弱勢家庭學生的生活常態。

家庭弱勢不一定在偏鄉，只要家庭失去功能或低功能都叫弱勢。教育優先區（EPA）本來就不是因為區域而定義，而是因為學習條件的disadvantaged（不利），包括：經濟不利、文化不利、社區不利、家庭不利——特別是家庭不利。

核心問題是：既然是家庭弱勢，尤其是低功能的家庭，老師很難直接接觸甚或改變家長。因為弱勢家庭的同住親人對於學校教學的參與度普遍是低的，除了一年兩場的親師座談之外，偏鄉老師跟這些親人幾乎沒有關於教學想法的互動，但偏偏親師座談會來的沒幾個。況且我們都知道：原本就關心的親人才會來，那些習慣不來的親人，才是「目標對象」——需要被改變的親人——偏偏他們不會來。

這些親人當然也不怎麼關心教育潮流，不怎麼有興趣接觸教學資訊，更幾乎不可能參加所謂的講座論壇。

但，換個角度想，這樣的不參與或冷感，不也是身處偏鄉或EPA的教師夥伴們進行翻轉的優勢？

自以為是的家長比沒有意見的家長更麻煩。城市的教師夥伴們一定懂我的意思。翻轉教學如果有家長參與或陪伴最好，不然至少要支持，起碼不能扯後腿。退一百步說，把上面這一句的翻轉拿掉，就已經是許多教學現場的夥伴們企求的夢想。

在城市，過多介入是干擾，但在偏鄉，特別是在EPA，不參與是一種無力，但何嘗不是一種優勢？城市的家長要改變需要社會氛圍的文明進步，就留待其他專家努力。

我們的偏鄉經驗是：一個願意翻轉的老師在任教的班上改變幾個學生；幾個學生在校內改變幾個老師，在家裡改變幾個家長；被改變的幾個老師改變一群學生，一群學生改變大部分的家長，改變整個學校。

從改變學生的「想不想要」開始

要改變家長之前先要改變的是不願意的老師。

以下分享我們在這方面的努力與實例。

試想一個狀況：

下課時間，一個學生跟一個老師在走廊上不期而遇，學生跟老師說：「老師，我可以背這個禮拜的國文抽背進度給你聽嗎？」

即便這個學生不是這位老師班上的，即便這個老師不是任教國文的，即便這個老師再怎麼不願意、再怎麼假裝、再怎麼委屈（噗哧），都會說一聲：「好啊！」

然後，等這個學生劈哩啪啦背完了兩分鐘的進度，這個老師還會自動的補一句：「很棒，繼續加油！」

不是嗎？

即便不是所有的老師都會這樣做，但是會這樣做的老師，一定超過七、八成甚至九成。因為一個老師之所以是一個老師，內心都有一顆火種，火種或大或小，但一定都有的。我們在教育現場這麼多年一定都知道，這顆火種如果是上級來點（由上而下），一定很難，就算點燃了也很快就會熄滅。所謂人在政策在，人亡政策亡，長官來來去去，政策當然也來來去去。

但如果是學生來點燃呢（由下而上）？而且是周而復始的來點，那麼點久了就會成真，習慣就會成自然。因為沒有一個老師會拒絕主動學習的學生，滿足一個學生的學習需求，不過就是一個老師教學專業水準的最低要求而已。

所以改變老師的願不願意，在我們這裡。就我的經驗，是從改變學生的「想不想要」開始。

翻轉，不就是要讓孩子想要？

翻轉，不就是讓孩子回到學習的主人身分？

翻轉，不就是透過課程設計教學改變，讓孩子的學習飢餓？

孩子是分子，老師是分母，一個願意的老師改變了幾個孩子，幾個孩子改變了幾個老師，分母愈大，能承擔能影響的分子就會愈多。分母與分子的關係就像雞生蛋、蛋生雞的輪迴。第一個願意的老師，是影響這個輪迴正向往上或負向沉淪的關鍵因素。

所有的策略或嘗試都有可能失敗，我們也曾失敗，一直到現在還是經常失敗。

但我願意對話，檢討，修正，再嘗試。

我就是願意是個分母。

愈多分母影響分子翻轉，翻轉分子成為分母。

愈多分母，愈大翻轉。

不是嗎？

啟動鑰匙的，是願意翻轉的老師

這幾年在我班上進行的MAPS翻轉教學實驗，帶來了這一班二十個偏鄉孩子在課堂裡忙著想要學習並在會考拿到7A、13B的驚喜，更帶來校內其他老師在三年中跟著或大或小或多或少嘗試翻轉的感動，也帶來更多學區家長在臉書或在見面的場合，或追問或細問或肯定或支持翻轉課堂的想法與做法。

我完全認同「台灣教育的下一步，要從教師的尊嚴重建開始」。有專業，才有尊嚴，拿出專業，才能重建尊嚴。重建尊嚴不是翻轉的目的，拿出專業進行翻轉、成就孩子才是。

在明白的教師與不明白的家長之間、願意的教師與不願意的教師之間，需要多一個中介，那個中介就是孩子，而啟動那個中介的關鍵因素，就是一個或更多願意的老師。這不就是starve children（讓孩子保持學習飢餓感）的概念嗎？

一個願意的老師在任教的班上改變幾個學生，幾個學生在校內改變幾個老師、在家裡改變幾個家長，被改變的幾個老師改變一群學生，一群學生改變大部分的家長、改變整個學校。多幾個願意的老師，就多幾分想要改變、想要翻轉的力量，這些力量就是分母，能承擔、能影響、能改變、能翻轉分子變成分母。

要在弱勢家庭或EPA翻轉的罩門是家長，開門的鑰匙是學生，而啟動鑰匙的那一雙手是更多願意的老師。

科技迷思

我想說說我心中的教學科技。

教學科技當然不是科技教學，這是個common sense（常識），但太多老師把教學科技中的科技狹隘解釋為「科技設備」。我想，這樣說某部分是對的，但不全然對。

這裡的「某部分是對的」，指的是利用科技設備做為教學的工具或方法之一，當然是無庸置疑的。不過科技不是教學的全部或唯一方法，想清楚辨識這一點，我想其實對一個專業老師而言也不會是太大的問題。

所以，如果把科技設備的老舊、網路效果的不穩定，教師或學生科技能力的不足……等科技因素當作不願意或不能翻轉的原因，那就是藉口了。因為翻轉不是只能使用科技資源做為教學過程中唯一或必要方法的教學模式。

退一百步說：不只是翻轉，所有的教學模式，都不應該把科技資源視為唯一或必要的教學方法。

教學科技，是一種動態的教學歷程

那麼，什麼是教學科技？

我的定義是：教學科技是一種動態的教學歷程。

因為動態，所以必然是雙向或多向；因為歷程，所以必然是陪伴或引導。

這是我的定義。

因為這個定義，我的國文課通常是這樣進行一篇文章的：

1. 課前三天會發給學生這篇文章中的形音義補充資料，學生必須要在課文當中找到那個字或詞，然後把資料剪下來，貼在那個字詞的附近。

2. 開始上課第一件事，形音的起點行為檢測（前測）。每題價值十點，每答對一題加點兩倍，錯誤的形音就是回家的手寫功課。

3. 前測結束後，進行暖身題，每人一張，不看課本，自己作答（文章預測想像／新舊經驗連結）。透過讀書會的問答方式，營造師生對話，在對話中完成文章導讀。

4. 小組是抽籤分組的，當然是異質性分組，籤是設計過的。

5. 各小組開始共讀課文，要出聲朗讀，再次彼此確認形音。共讀後，小組根據上下文判斷課外補充解釋，或者根據我提供的詞性解釋單張，將文言文課文以散文改寫。

6. 進行基礎題提問（訊息檢索／主題統整／架構區分），個人搶答或小組討論後回答，提問的對答過程，大致勾勒出這篇文章的訊息脈絡。

7. 根據基礎題答案，小組動手整理文章結構表，包括自然段事實摘要及意義段主題統整或結構區分。（學生經過兩、三課之後，會省略這個階段。）

8. 繪製心智繪圖。（MAPS的心智繪圖不同於傳統一般心智繪圖，整個成品會包括 I SEE / I FEEL / I THINK，這個階段進行的是小組共學完成 I SEE，也就是文章解構統整。）

9. 各組隨機上台發表心智繪圖，由我及同學評論。

10. 以小組或個人方式進行挑戰題（發展解釋／省思評鑑／讀者觀點／比較閱讀／硬知識／仿寫與改寫）。封閉式題目課堂完成，開放式題目則為回家自學作業。

11. 不看課文，個人獨力完成手寫PISA題，驗收學習成效。

12.回家自學作業：根據小組討論及發表後完成的心智繪圖，完成一張屬於自己的心智繪圖（加上個人的 I FEEL / I THINK，亦即挑戰題的開放式題目）。可以補充，可以修改，個人作品即為個人成績。

13.自學作品掃描轉檔單槍投影，課堂上抽籤或由學生自願上台發表（三至五位，以發表 I FEEL / I THINK為主），同時進行教師總結（包含課文導讀／課文賞析／作者介紹／情意／修辭／國學……）。

14.課後會有形音義成果驗收（後測）。未達精熟部分，自行利用課餘時間，在學期末結束之前，找國文小老師到我的電腦檔案庫裡列印進行補考。

15.挑選習作或題本選擇題做為總結性評量。隨機抽籤或自願，讓學生講解高層次題目（應用／理解／反思……），教師補充或解惑。

沒有科技，依然翻轉學習的樣貌

這個過程，國一新生的第一課通常需要八至十節，本校都在暑假新生銜接課程時操作。三、四課過後，六至七節可以完成一篇文章，半年至一年以後，大約五至六節即可完成一篇文章。換句話說，所謂的「進度」，在半年至一年後已經不會是問題（雖然我們的共識是：所謂進度指的是「學會」，而不是教完）。

大約經過一年半之後，班級會進入差異化課堂模式，亦即抽離已達自學水準的學生成為自學組，班上會呈現有人自學有人共學，當然學習要求也會有高低層次不同。這階段目的在於去鷹架，讓中後半段學生完全承擔更多必要的學習責任。

同時間，因為學習速度加快，所以每次段考間會有六至八節完全由學生進行閱讀專題報告，每位學生二十至二十五分鐘，以PPT或心智繪圖報告自學成果。我和同學會針對報告內容進行雙向或多向對話。

大約經過兩年，全班都進入課堂上自學繪製心智圖，然後抽籤或自願上台發表。在前三個學生完整報告文本之後，第四個開始只需報告與前面發表或理解的不同之處，如果完全一樣，那麼下一篇文本由他首先報告。這個部分在分享自學及專注聆聽，大約經過兩年半之後，單一版本的六冊文本已經結束（換句話說，「進度」超前），開始進入隨心所欲的階段。我採取以其他版本的其他文本做為大量閱讀材料，可以在一個時間內同時進行數篇文本的學習。可以完全共學，可以差異化，可以完全自學，然後分享。

但，不管哪個階段，老師一直都在。對話一直都在，動態歷程一直都在。

今年夏天，完整經歷這三年的第一屆孩子，會考國文成績是7A、13B。這是我認知的教學科技。

提問引導可以借助網路資源，但沒有一定要；學生自學作業（包括閱讀專題報告）可以利用PPT或X-MIND完成，但沒有一定要；學習單內容是用來協助勾勒文本學習脈絡的，學生可以搜尋網路資源，但通常會在課堂完成，所以，沒有一定要。

掃描轉檔單槍投影是我唯一必備的科技資源。其他的，沒有一定要。

我說的是：沒有一定要科技設備或網路資源或雲端學習。

可以要，但沒有一定要。

我跟我的學生，還是翻轉得不亦樂乎。

偏鄉，弱勢，但翻轉了學習的樣貌。

因為我的分組、不分組或怎麼分組，是觀察學生學習樣態而決定的；我的提問與學生的提問，在課堂中是隨時雙向、多向流轉的；我的腳會記得走進學生的分組；我的手會記得放在學生的心智繪圖上；我的眼光不會輕易離開學生的對話；我的心思會隨著學生的不同回應而轉換。

什麼時候給，給什麼，要怎麼給；什麼時候出聲，出什麼聲，怎麼出聲，在這樣的課堂中流動又流動。

我知道我的學生基礎能力不佳，所以我必須設計策略，協助他們搞定形音義。我知道我的學生家庭能夠支持科技設備的狀況不夠好，所以我不強求使用科技資源完成自學作業，以免造成困擾。我知道我的學生仍然需要使用科技的能力，所以國文教室裡提供網路資源，並尋求電腦老師的協助，將X-MIND、PPT、關鍵字搜尋及利用網站資源列入課程。我知道偏鄉孩子需要更多引導才能學會如何對話，所以討論時間我會一組又一組輪流走入，聽他們說，然後引導他們。我知道偏鄉孩子不太習慣教室是他們的舞台，所以我接納他們鼓舞他們，一次又一次，不怕犯錯，沒有講錯，只有一次又一次的會更好。

課程設計是核心，基本能力是主線，教學活動是觸媒，話語流動是線索，自學共學是方法，科技資源是工具。

這樣的動態歷程，我稱之為「教學科技」。

以學生為主角的課程設計，就是教學科技

這是我的教學模式，你當然也有你的。

我們當然都需要廣納意見但不需複製誰的流程，更不需要為了驗證某一個教學模式可以放諸四海皆準而拿孩子試驗。怎麼問，怎麼答；怎麼丟鷹架，怎麼拆鷹架；怎麼放，怎麼收；怎麼鼓勵擴散，怎麼拉回聚斂；怎樣感受當下氛圍，前進或轉進？怎樣感受眼前風景，加速或暫停？

一套方法、一個模式，甚至一本備課用書、一個教學光碟用三十年，這不叫專業，不是教學經驗，這叫年資。放著學生播影片看DVD，輪流上台報告回家從網路抓來的作業，這不叫科技，更不是翻轉。這叫偷懶。

怎樣使用不同工具，包括科技設備；怎樣運用不同媒介，包括網路資源；怎樣善用不同策略，包括雲端自學。

怎樣看見不同時刻的需求，怎樣產出不同需求的策略，怎樣流轉不同策略的設計，怎樣以動態為課堂的學習歷程，怎樣以學生為主角的課程設計，就是教學科技，就是翻轉。

這是我的定義，你也可以有你的，這就是翻轉。

關於翻轉，我想說的是……

基本能力是核心

二〇一三年七月，爽文國中邀請了九個來自美國聖羅倫斯大學的大學生們（AT, American Teachers）來到位於中寮的鄉下校園，舉辦了十二天的英語夏令營。營隊每天的課程如下：

• 早上九點到十一點：依照學生英語程度分為九組（L1—L9），分成九個教室上課。每間教室除了配置一個AT外，另有學校自己招募的一至兩位IT（International Teachers）協同教學。課程內容是複習過去一年視訊教學的內容。二〇一二至二〇一三年，爽中的國二孩子每個星期透過skype與這些AT們進行一個小時的遠距對話。這些遠距對話的內容，搭配學生這兩週在校內英語課程的教學進度，視訊進行之前會將核心句型及文法Mail給AT，然後AT們加入當地生活文化及日常用語，進行共同備課設計教學活動。

• 早上十一點到十二點：將所有學生打散，分成九個小隊，每個小隊內的學生來自九個不同程度，由各小隊的AT與IT帶領排演全英語話劇。孩子們必須與AT和IT對話討論，設計劇本、製作道具及彩排練習，預備在營隊的最後一天上台演出。

• 下午一點到三點：L1—L3的孩子變身成為老師，指導AT學習爽中藝文領域的三項特色——陶藝、美術、國樂，AT們要在最後一天的成果發表進行靜態及動態成果發表。L4—L9的孩子則參與由IT們設計的RPG GAMES，整個校園就是戰場，孩子們必須用早上所學的英語句型闖關。

這是二〇一三年爽中英語夏令營的課程。

二〇一四年，考量經費及教學成效（因為這兩年我們向政府提出的英語營隊經費申請都被駁回，因為會講英語不等於會教英語，因為網路連線有其效能及時差局限），於是，我們將英語夏令營師資轉變為台灣熱血大學生。我在臉書上透過網路號召，短短兩週，總共有超過七十位台灣大學生以書面表格報名。經過電話口試及初步篩選，錄取了二十九位大學生加入英語營，其中三分之一來自師範大學體系，二分之一是英語本科系，三分之二有帶領營隊的經驗，更重要的是：幾乎全都具備了英檢中級以上的水準。

營隊前三天，他們從台灣各個角落來到爽中聚集，我帶領著他們進行課程架構與設計。營隊開始後，每天晚上有兩個小時，我跟大學生們進行課程檢討修正與設計。

（這是每晚最累也最美的風景：我在台上分享教學經驗解答班級經營問題，大學生們拿出手機錄音錄影，準備離開營隊之後，可以反覆複習。）

營隊的課程與二〇一三年最大的不同，在於每天下午有八個社團在進行。孩子自由選擇由大學生設計的英語生活情境社團，其中一個社團叫做「一起去旅行」。

選填加入這個社團的孩子，必須使用英語到機場櫃台買機票、填表格，上飛機後要使用英語跟空服員進行對話，下飛機後要使用英語到飯店check in。全都過關了，才會有英語導遊以影像介紹旅遊地點的自然與人文景觀——當然，還是使用英語。

翻轉的意義

這是我們的英語視訊以及英語營隊，這就是我們嘗試的英語翻轉教學之一。

二〇一四年夏天，十二年國教會考成績揭曉，完整經歷視訊及營隊的全校這一屆三十四個畢業生當中，二〇％的孩子在英語科拿到了A，四四％的孩子英語聽力的錯誤題數在二題以內。三十四個鄉下孩子，有八個英聽拿到滿分。

我想說的是：任何教學都必須以學生的基本能力學習為主，任何活動都必須以學生的基本能力學習為核心任務。翻轉教學，更必須如此，而且比以往任何一種教學想法更有必要這麼做。因為錯誤概念比沒有概念更危險；因為錯誤翻轉比沒有翻轉更可怕。

沒有翻轉，還有少部分的孩子在傳統制式教學中受益；錯誤翻轉，會讓那少部分的孩子也跟著白忙一場，然後一無所獲。

我只是實話實說：有太多過去學校或教師設計的教學活動忘了學生的基本能力學習才是核心，結果一場又一場勞師動眾的活動過去了，一堂又一堂師生盡歡的教學過去了，美術課用 Cosplay，國文課用話劇，或者英語課用嘉年華會，社會課用鄉土走讀，煙花落盡，笑語依稀可聞。

問學生：「你學到了什麼？」

或曰：「就很好玩。」

再問：「然後呢？」

或曰：「……」

我沒有否定任何創新的教學嘗試及設計，更沒有否定任何動態或跨領域的學習活動。任何教學嘗試、設計或活動，能引起學生學習興趣的，都是好嘗試、好設計，或好活動。

但引起了之後呢？

或者，引起了什麼興趣？

是引起了學習 Cosplay 的興趣？還是引起了學習西洋美術史的興趣？

引起了 Cosplay 的興趣也很好，但西洋美術史去哪裡了？

或者，美術去哪裡了？

翻轉的意義不在於教室氣氛的活化而已，也不在於學生在教室裡的位置改變而已，更不只是師生在教學中的角色改變而已。更重要的是師與生對於學習的意義的認知改變，學探索，學思考，學學習，學解決問題；學對話，學發問，學主動，學為自己學；學圓夢，學合作，學分享，學如何學習。

學基本能力，是的，學基本能力。

不是說學逗唱演，而是聽說讀寫算。

偏鄉資源已經不足，人不多，錢很少，設備很缺，如果搞得人仰馬翻，如果虛擲四方挹注，如果誤用網路便利，這樣的翻轉，就是翻得離教育愈遠，轉得離學習更遠。

沒有以學生的基本能力為核心的翻轉，比沒有翻轉，更可怕。

史英先生，翻轉不是你知道的那樣

基本上，整篇文章的基調是從這個開展的：「打從一開始，翻轉就提出簡明扼要的主張，說是把『上課聽講，回家複習』翻個過兒，轉為『回家聽講，課堂討論』……」（摘自史英先生）接下來就環繞在評論葉丙成老師的主張／教學……等。

其實，評論是好事，這樣才會進步。在我們強調以學生為中心的課堂，不也是鼓勵並接納孩子們對於學習材料的回饋意見，即便不成熟或謬誤迷思，我們不也是感動欣喜於孩子的嘗試？更遑論我們都理解這樣的謬誤迷思來自於我們的鷹架搭得不夠多不夠精準，不是嗎？

其次，無論評論的是不是有理，最有資格回應的就是當事人葉老師本身，其他人本來也無可置喙，而葉老師的確也徹夜撰文回應了。但因為史先生文章當中實在有太多似是而非的論調，把台灣的翻轉教學跟葉丙成老師緊緊扣在一起，好像全台灣的翻轉教學現場都是這樣在進行的。這跟我認知的現場狀況有相當大的落差，因為葉老師不是這樣做的，台灣絕大多數開始動起來的老師，也不是這樣做的。基於MAPS的精神就是不放棄任何一個學生，以及大叔最擅長的就是搭出精準的鷹架提供學生學會，因此，我來試試根據MAPS的提問策略設計提問，協助史先生及其他夥伴進行I see及I feel / I think。

【基礎題：I see】

1. 台灣的翻轉教學等於葉丙成老師的翻轉教學嗎？

就狹義的翻轉來說，Flipped classroom 的確強調 Lecture at home, homework in class。但即便是葉老師都據以改良成為自己的BTS，即便是在台大電機那樣的教學場域及對象，葉老師都盡了諸般手段，引導全台灣最精英的孩子明白學會如何學習的重要性，理解為自己學會能力的必要性。史先生顯然不理解葉老師與時俱進、精益求精的嘗試與努力，這樣的發文評論，就顯得短淺。

就廣義的翻轉來說，"Turn Over" classroom才更是台灣大多數現場老師這些年努力的主流。這樣的課堂翻轉，強調讓孩子成為學習的主人。講述法沒有不好，不好的講述法才不好；一個好老師的基本條件是擅長好的講述，一個好的講述必然明示暗示許多線索提供孩子——特別是程度低下／國中小／程度像國中小的孩子——討論／思考／動機的鷹架。我們希望改變的，是只有填鴨的講述教學——所謂的不好的講述法——我們希望回到教育的本質，讓課堂成為學生的舞台。

即便是再好的講述法，都不應該成為一整節課或者一整個學期的教學唯一策略。所以我們嘗試將更有學習效能的策略融入教學當中，以更多的提問取代純粹填鴨的講述法，以更多的師生對話、解題互動、有意義的討論，結合優秀的講述法，以更適合的工具，運用在各種不同領域及年段動手動口學會。凡此種種，都在協助我們希望解決教學現場最難的事，也是史先生在意的事：從不會到會，從不願意到願意。

我們不把「學不會」當作原因。因為我們反思得到「不會學」才是真正的原因，因此我們反省檢討，調整改變自己的教學，希望協助孩子會學，然後學會能力，而不僅是過去習慣的反覆精熟以取得分數。

史先生顯然更不了解這更大多數除葉老師以外的現場老師正在進行的翻轉，這樣的評論，顯得孤寡。

台灣的翻轉教學不等於葉老師的翻轉教學。不了解葉老師的努力的，葉老師已經回應；不了解台灣更多其他現場老師的努力的，希望這樣的鷹架提問與引導，能夠激起好學者如史先生願意一探究竟。如此一來，台灣的教學現場，就會有更多良善的力量一起加入。

2.美國的翻轉教學等於台灣的翻轉教學？

不同於美國的翻轉教學（Flip teaching），針對台灣教學現場尚待解決的數位及城鄉落差，MAPS或者學思達等各種以學生為中心的教學法，並不強調一開始就要求學生在家完成觀看各類型線上學習媒材，而是強調透過系統化教學設計，引導並激發學生在課堂上學會如何學習。唯有如此，課堂外各種形式的學習才會發生。

所謂城鄉的數位落差：不一定每個學生都能有載具，有載具不一定有網路，有網路不一定隨時便利可用，可用不一定能用。

所謂城鄉的學習落差：能用可用不一定願意用，用了不一定看得懂。

台灣絕大多數的孩子都必須在體制內進行學習，我不想討論體制內與其優缺點，那不是這篇文章的重點。我的論調是：既然絕大多數台灣K－12的孩子都身在體制內，那麼我們應該思考的，就是如何在體制內進行教學的努力，讓我們的孩子面對未來的世界時，具有至少能夠選擇自己人生的能力，再談與世界接軌，進而競爭的能力。

台灣的教學現場多樣而殊異，孩子的樣貌與問題多元而不同，Turn Over的核心意識，就是客製化適合不同教學現場、解決不一樣學生的學習問題，網路便捷載具方便的現場就配合教學平台進行 Flipped teaching；具備基本能力、擁有學習動機的現場，就不需工具直接進行提問自學為主的學思達；至於動機低落、能力缺乏的現場，就歡迎參考MAPS、數學咖啡館、區分性ABC教學法——史先生的幕僚或助理可以協助搜尋網路文字或影音資料以便自學認識。

這些都是正港台灣本土產出的、以學生為中心的教學法，不是美國的歐洲的，更不是落後十年然後經由大學教授轉譯引介給台灣教育主管機關，然後全面由上而下的政策執行，而是台灣諸多教學現場的中小學老師根據眼前面對的孩子的條件，用心思考身體力行不斷微調而產出的教學法，然後由下而上撼動教育主管機關，甚至台風東西漸，驚豔對岸星馬亞美。

但不論是否撼動了誰、驚豔了誰，我們清楚知道，我們只是為了解決問題，一如史先生在文章中提到的：解決舊問題。

3.你看見的雲端翻轉教學等於我們的草根翻轉教學？

一個能提供各種出身人民都能因為受教育而有流動機會的國家，才是健康而文明的國家。

台灣的中小學入學機會已經幾近完全公平，然而入學後所受教學對待的公平仍有雲泥差距。

就廣義的翻轉定義來說，森林小學其實是一種更全面的翻轉學習：以人為本，讓孩子成為他自己。

我雖未真實體驗森林小學的課程，但我認真閱讀了網站介紹，為免疏漏，特別全文摘錄人本對於教育的看法：

- 把學生當成一個人來看待，重視他的思想和感受，而不能只在意外在的表現；所以不宜依賴「以改變行為為目的」的獎懲。
- 順著學生既有的感受和思路走，協助學生內省、澄清、批判與思辯，以建立新的觀點，形成新的內在；所以以記憶或服從為目的的「單向灌輸」，無論在知識上或在人格養成上，都是不宜的。
- 講求「教的方法」，以啟發取代訓練，以對話取代講授；所以只要求學生成績，不重視教師教法的作風，是不對的。
- 出自「真誠的心」，以學生的發展與成長為唯一的考量，並全心培養學生「愛」的能力；所以功利主義在教育中是不應允許的。
- 給予充分的時間，無論課程安排，或學習成就之檢測，都應該給學生留下「餘地」，並信任人的內在力量；所以強制手段在教育中是不合理的。

有了這樣的教育，就培養出有思想、有能力、並能愛的人；這樣的人，就可以聯合起來，改變我們的存在，以及我們所在的台灣。

所以，教育要使人成為他自己；而改變，必須先從改變教育開始！

史先生，令人驚訝的是，這幾乎與我所認知的這一波以 Turn over 為主體思想的翻轉一致，但仔細回神一想，又不令人驚訝了，因為這就是教育的本質，是所有信仰以學生為中心的教學者都奉為圭臬的核心理念。

我們只是方式不同，而方式不同，是因為我們的資源不同。

我們的孩子來自全台灣各個階層，他們或者因為選擇或者因為無法選擇而來到我們面前，而我們的責任就是因應各種不同的現場資源——通常是有限而簡陋的——設計不同的教學法，以引導協助我們的孩子能夠因為受教育而擁有選擇的能力——不管他選擇了什麼，但終究他選擇了。

一旦他有能力選擇，然後選擇了，他就成為了他自己，不是嗎？

森林小學的孩子因為父母的選擇或共同的選擇，去到那裡，不論他們要花多少學費，那終究是他們的教育選擇權。就算是葉老師籌設的無界塾，也是公民行使的教育選擇之一，但終究是少數。

即便是少數，我們一樣祝福而尊重，甚或不少人還投以羨慕的眼光。不過我們面對的是絕大多數台灣孩子，我們面對更為複雜而多樣的艱難處境，但我們仍然願意為了與你殊途同歸的理念而扶持而行。

我們祝福並師法在雲端御風而行的夥伴，但回過頭，我們這一群草根的中小學夥伴，會繼續踏實的奮力前進。

因為，我們希望台灣——這個我們居住的島嶼國家——是一個讓所有出身的人民都可以因為受教育而擁有流動機會的國家。

【挑戰題：I feel / I think】

- 包括MAPS在內以學生為中心的翻轉教學法，與人本強調的教學理念並無二致，但史先生卻認為翻轉教育不是解決台灣教育現場舊問題的好方法，這是為什麼呢？
- 這幾年，台灣現場諸多教師產出的有效教學策略，例如：區分性ABC教學法，數學咖啡館，學思達等，之所以跟過去西風東漸的比如小班教學、合作學習等產生不一樣的教學現場效應，是什麼原因呢？
- 當我們的孩子可以快速而便利的透過科技取得知識，現場教師還有存在的價值嗎？如果沒有，教師該何去何從？如果有，存在的價值是什麼？
- 說說你對於台灣翻轉教學的認識及期待。

請史先生選答，或者有興趣的夥伴也可以試著回答，讓大叔跟大家一起學習。

正視師資人力，讓專業回歸專業

偏鄉偏遠的不只是距離，不只是資源，而是機會。儘管教學資源可以透過網際網路來呈現，台灣人的愛與熱心，也將生活及教學所需資源盡可能送往偏鄉與離島，但是，城鄉最遠的距離，是孩子沒有得到公平而專業的機會。

原因是什麼？最大癥結，在於偏鄉師資人力配置的荒謬。

一個六班的國中學校，編制十二個教師，但一個國中開張，必須配備十一個行政工作，包括兼任的三個主任、兩個組長、六個班導師，剩下一個老師，則必須兼任午餐祕書或網路管理員甚至輔導教師……

換句話說，偏鄉國中小校全校六班規模的編制裡，教師不可能專職教學。理論上，老師兼任行政業務當然會減少授課節數。但那在班級數一定規模以上的中大型學校才會發生。以我目前所服務的南投縣授課節數規定：全校所有教師在分任行政工作、依法減授節數後，授課時數加總是每週一百二十二到一百三十二節。但是，一個學校六個班，一個星期的實際授課總節數是兩百一十節，所以中間差距的節數誰來上呢？

這十二位偏鄉老師仍然必須負責。這群老師平均分配了依法減課後所留下的七十八到八十八節課，每位偏鄉國中老師在兼任了行政工作後，還得再負擔額外六、七節課。所以，我在爽文國中兼任了教導主任（包含教務與學務工作），一個星期還是必須要上十二節。

一項業務公文去到了大校，同時也會來到小校，一項業務如果規定要對學生進行宣導並做成果回報，對一千位學生進行是一次程序，對一百位學生進行也是相同的一次程序。大校的衛生組長只處理衛生組的業務（我知道一樣很累），但是六班規模如本校的訓導組長，可是要處理訓育、生活管理、體育、衛生等四個組的業務。

壓垮偏鄉教師的荒謬政策

偏鄉老師每週有二分之一到三分之一的在校時間需要處理龐雜的行政業務，而且干擾教師在教學現場教學的行政業務持續增加中。比如：衛生促進、環境教育、法治教育、國防教育、春暉專案、海洋教育、祖孫教育、書法教育、租稅教育……這些業務不但繁瑣，而且「事涉各縣市教育經費統籌分配款」！

當偏鄉教師被行政業務壓垮，教學的專業如何再有心思提升？孩子的受教權如何能被公平對待？

二〇一三年，教育部宣示，為避免偏鄉師資流動偏高的問題影響孩子的受教權，所以考慮禁止代理代課教師兼任導師及行政工作，這真是一個趕盡殺絕的荒謬政策！偏鄉的代理代課教師比例已經偏高，我們以平均五成的比率來推算，一個偏鄉學校十二個編制教師中，約有六個是代理代課教師，不能兼任導師和行政，那麼剩下的六個正式教師，要如何負擔一個學校一開張就必備的十一個行政人力需求？難道要偏鄉老師身兼數職再數職，那誰還願意待在偏鄉？

正式老師留在偏鄉的意願已經不高，再加上這重重一擊就更不願意留任。遺留的缺額又必須繼續招聘代理代課，那更沒有人可以兼任行政或導師！這不是殺雞取卵，什麼是殺雞取卵？

照顧偏鄉孩子的教育權利的問題，不是禁止代理代課教師兼任行政或導師，而是減輕偏鄉教師兼任行政的業務困擾，讓教師可以更有餘力、更專心的提升教學品質。減輕兼任行政的業務，當然不等同於所有偏鄉教師的教學效能都能提升，偏鄉教師流動率偏高、專業師資比率偏低都是問題，但至少讓願意到偏鄉或已經留在偏鄉的有心教師能夠多些待著的動力。

讓專業回歸專業，是另一個值得努力的方向。二〇一六年二月，台北市市長柯文哲曾在公私立國民小學校長會議上談到總務處人力編制問題。他認為老師只要負責教學，其他相關維修、設施維護問題都可以BOT出去，假設全台北市國小教室維護統一由台北市國民小學物業公司來管理，學校的總務相關問題就能解決。另外，台北市也打算成立統一發包中心，未來國小校長不用負責教室整修。

以同樣方式思考偏鄉人力配置，我的其中一個建議是：偏鄉小校可以學區為單位，每學區設置一至兩人，每週巡迴各校上班，處理需要現場進行的業務，並在學區中心學校設置辦公桌，以雲端系統處理學區各校紙上作業。唯有透過合理的人力配置，使專業師資願意留下，偏鄉孩子受教權才能被公平對待，這是偏鄉學生翻轉的契機。（關於這一點，第三部將有更詳盡的說明與建議。）

我不支持陌生師生的公開觀課

前天下午，小國一進入P3階段（同一組的教練抽離自學，其餘成員繼續共學）的第一篇文本〈謝天〉，在二十五分鐘的心智繪圖後，每一組共學組開始上台口說發表。我看著這一群我經營了十個月的小猴子侃侃而談，流利而自信，精準而完整的發表文本架構，並且回答我的文意深究、情意延伸的挑戰題。空氣中有種略略溼潤的味道，或許是我的，也或許是觀課老師的。

MAPS經營了六年，每次類似這樣的里程碑都會讓我激動不已，不論是從不會到會的P1到P2，或是逐漸抽離自學的P3到P4，每次都令人在心裡驚呼：哇！真的辦到了。

我對MAPS有信心，對孩子有信心，對自己有信心，但每一次都像第一次，每一次都令人激動。在共學組每一組發表完之後，我都邀請原本該組的教練評論，這是其中的一段對話：

大叔：「佩瑜，說一下你的夥伴的表現。」

佩瑜：「我覺得他們很厲害，能夠利用基礎題完整把架構呈現出來，同時也能夠流暢的發表介紹，我很佩服。另外，小志（閱讀障礙者，佩瑜最照顧的組員）不但能夠流暢的報告，還能回答主任的問題，代表他真正了解他報告的內容，我覺得很棒。」

大叔：「所以你覺得很有成就感？能夠把他帶成這樣？」

佩瑜：「（愣了一下）呃……是他自己學會的。」

這一課是〈謝天〉，文章主旨其中之一是不居功，所以我大笑的回答：「哇，你好不居功喔！」

佩瑜害羞的臉都笑紅了。

空氣中濕潤的味道更濃烈了，我確定那是我的，但因為紀錄片拍攝的鏡頭就對著我，我壓抑下來了。我環繞四周，深深覺得我多麼多麼熱愛我的課堂。

即便是我多麼多麼自信於我的教學，多麼多麼願意透過開放觀課協助其他夥伴成長，但我仍堅持經營半年之後的課堂，我才願意開放觀課。因為觀課的重點不只是看著我，更多的時候應該是要看著孩子們。看問答的流動，看思考的對話，看討論的脈絡，看繪圖的思維，看發表的呈現，看聆聽的專注，甚至看老師背過身時的動靜。

這些沒有長期且陪伴的班級經營，是做不到的。

來到我班級觀課的教師夥伴們常常會訝異於：「你的孩子對鏡頭與眼睛怎會如此無視？」那是因為熟悉與信賴的班級經營啊！

建立雲端觀課系統

即便再好的教學法，如果在師生不熟悉的氛圍中，再棒的引導，再精準的提問，再系統化的小組操作，都無法完整呈現這個教學法在常態班級預期達成的各種效果。

更何況是要呈現與學生原來習慣的教學法的差異，臨時湊成的師生關係——即便是觀課前一到兩次的進班互動——既無法充分呈現新教學法的優秀，又製造學生回到原班級面對原來教學法或原來老師可能產生的暗自或公開比較，這樣促成的教學改變或者不改變，真的好嗎？

我充分理解公開觀課背後要傳達的正向意義，也充分理解上台的老師需要有多麼大的勇氣和熱情去展現自己的專業。當然，我也充分自信於我的教學法與能耐，但我不支持臨時組成的師生關係進行公開觀課成為一種常態。

我自己，不會輕易同意進行這樣的公開觀課，除非我有充分的時間與我要面對的學生互動。即便如此，我仍然不支持將這種模式視為常態。

從二〇一二到二〇一四，這三年內，進到我教室觀課的老師已經超過一千八百人次（以每週二十人，每月三週，每年十個月計）。我理解夥伴們的觀課需求，除了希望看到已經經營成形的班級表現之外，更希望看到教學法與班級經營的過程。

這需要長期的觀課，才能看見這樣的過程，但為了看見這樣的過程，又必須克服我前面所說的當班級尚未經營到某種程度時，學生面對觀課眼光的壓力。

我提出的看法是：建立長期觀課雲端系統。在開始經營一個班級的一個月之後開始進行，除了取得學生的同意與信任之外，並且強調如果出現任何學生不願意曝光的課堂突發狀況，那就透過剪輯後製處理，以保護學生、尊重學生為最高原則。

觀課，不能要求學生為了成就教育的春秋大業而吞忍或犧牲。任何時刻，我都會讓學生知道，我是這樣在示範什麼叫做尊重。這樣的示範，就是最好的班級經營，更是最好的教學示範。

這樣的看法即將付諸實現。二〇一五年八月開始，由我邀集的四位實施以學生為中心的教學法的老師——林健豐老師（英文／高雄右昌國中）、何耿旭老師（數學／高雄阿蓮國中）、蔡宜岑老師（社會／高雄民族國中）、何憶婷老師（自然／台南中山國中老師），包含我共五位，我們將進行為期一年的課堂錄影，至少製作為八至十六集、每集三十分鐘的課堂實錄，希望盡可能完整而忠實的呈現班級經營及教學法操作的過程，在兼顧學生意願及壓力之下，盡可能提供教師夥伴足以參考的長期觀課資料。

這個想法獲得國教署的經費支持，也獲得高雄師範大學及台中教育大學幾位教授專業諮詢支持。拍攝完成的影像，除了將壓製光碟及編輯教學法書面資料，並全部放置平台，免費提供全台灣乃至全世界的教師觀看。

衷心期望，讓開放觀課的正向意義與價值發揮到極致，讓教室裡的氣氛因開放所受影響降到最低，讓所有夥伴可以得到最大的教學支持——特別是我偏鄉的夥伴們。

我繼續的堅持是：

- 二〇一五年九月開始，開放我的教室（國二國三）做為各校教師專業進修的地點，來我班上觀課、議課，做為研習的方式之一。
- 二〇一六年七月開始，將上述亮點教師長期記錄課堂的模式擴大，希望涵蓋各個年段、各個領域及各種以學生為中心的教學法，建立大數據平台，提供教師夥伴教學支持系統，也讓全世界看見台灣原創的草根教學力量。

週四那令人感動的影像，將會在八月後公開在某平台，但我課堂裡的動人風景，每天每天，都會在現場實況流動。

下一課國文，上什麼？——從國中教育會考看國文教學

一個十五歲的青少年，經歷了至少九年國文（語）課，而當檢視目前國語文程度的會考國文科試題時，發現二〇一六年考題中，幾乎沒有任何一題題目來自課本文章內的句子或段落（除了第二十三題的字形測驗），但絕大部分考生對這樣的題目模式，也幾乎沒有顯現訝異的神情。親愛的老師夥伴們，下一課國文，我們要怎麼上？上什麼？

以下四點，是我近幾年的觀察與建議之一、二，就教於國文教學夥伴們：

1. 不能只有知識，但也不能沒有知識。

雖然記憶性的語文常識（知識）題目數量不多（八題左右），但幾乎都包裝在閱讀理解之內，學生如果無法讀懂文字敘述，即便有語文知識也無法正確解題。這似乎與過去幾年許多教學改革專家疾呼「不要填鴨知識」不謀而合，但我要特別指出：錯誤的是填鴨，而不是知識。即便學生擁有閱讀理解能力，但沒有知識，一樣無法正確解題。

包括了題辭、對聯、造字法則、成語與詞語運用等，這些都必須依靠語文背景知

識的積累才有辦法解題，知識之於解決問題不重要乎？

問題是：知識這麼多，怎麼積累得完？

這個問題就是解答。

因為知識太多，填也填不完，所以才必須讓學生在國文課堂學會「如何獲得知識」；因為如果讀不懂填入的知識，也解決不了問題，所以才必須讓學生在國文課堂學會「如何運用知識」。

2.「學以致用」激不起學習漣漪，「用以致學」才是課堂核心觸媒。

承上所述，問題就回到了「如何讓學生願意學習」？也就是動機問題。「現在乖乖學，以後考試用得著」的「學以致用」，已經很難激起學生學習的動機漣漪，國文課堂必須加入更多讓學生「實際使用」的學習策略，才會發生「用以致學」的善性循環。

純粹的聽講不夠，包含在小組合作學習模式裡的討論、發表、書寫、指導等，才是讓學生在國文課堂更實際參與「學習」的核心觸媒。

3.別管「教完了」沒有，關鍵是「學會了」沒有？

國中三年共六冊國文課本，選錄約七十篇文章，只在會考題目裡出現四句課文，有沒有教完課文，真的是重點嗎？不論是九年一貫或十二年國教的課程綱要，都不斷提及「能力」習得的重要與必要，為什麼全台灣近一千所國中的國文教學進度，這麼整齊劃一的都綁在每次段考進度就是要考四課？

進度是「學會」，而不是「教完」。課本的文章是國文課堂教學用來習得能力的教學材料，如果只是教完教材，而沒有透過教材習得能力，那真是本末倒置。

4. 沒有閱讀策略鋪設階梯，伸展跳躍只能期待流星劃過天際。

承上所述，問題就指向了教師有沒有能力運用教材，為學生鋪設習得能力的階梯——也就是閱讀理解策略。

閱讀優勢者絕大部分可以透過大量閱讀，積累發展並自主建構出厚實有結構的閱讀策略，但閱讀劣勢者無法做到。就我的教學經驗，閱讀劣勢者即便沒有熟練的閱讀理解策略，雖然也會在課堂上迸發火花，或者稱之為靈光乍現、神來一筆，或者稱之為伸展跳躍，但很零星，通常不會是常態。

閱讀劣勢者在未經揀選的國中小教學現場存在比例極高，他們需要老師有能力設計或運用有結構的系統性教學法，透過教材，為他們的閱讀理解能力鋪設循序漸進的策略階梯——從讀懂到理解，從理解到感受。

至於如何設計或運用有結構的系統性教學法，包含：如何有層次的提問設計、如何設計具有示範閱讀理解策略的題目、如何協助學生結構化文章訊息、如何帶領學生從知識到能力，從能力到素養……等。

會考國文科的試題或測驗結果，是否足以完全評鑑台灣目前所有十五歲青少年的國語文閱讀程度？這是另一個議題。事實上，也不會有任何測驗可以完全準確說明學習者當下的學習狀態。但，就事論事，連續這幾年來的會考國文題目，就我看來，幾乎已經完全呼應並定調過去五至十年，乃至於未來國中小國語文教學現場的方向。這個方向，不少老師在教學現場已疾呼多年，並且早早上路。但，很遺憾，相較於全國所有國中小國語文教學現場的老師數量，我們需要更多更多願意上路的夥伴。

121　關於翻轉，我想說的是……

被翻轉的，是孩子的人生

二〇一五年寒假過去，開學了。

下學期的第一節八年級國文課，孩子們將寒假作業放到我的面前，其中一項是課外閱讀心智繪圖。

全班十八個孩子，扣除掉無法用文字表達的一個資源班自閉兒，我收到了十四張圖，三個孩子承諾補足部分內容後會交過來。

看見偏鄉孩子生命翻轉的微光

看著這十四張圖，或精美或簡略，或成熟或淺薄，或洋洋灑灑或隻字片語，我看見的，不只是教與學翻轉之後的教室風景的神奇改變，更看見那麼一些些偏鄉孩子生命翻轉的微光。

我抬起頭，目光環視一遍孩子。

「你知道你們多厲害嗎？」我堅定而略帶激動的說。

一年半之前，小六剛升上國一來到我班上的他們，面對著攤在眼前的短短的國語課本文章，我帶著笑，問了一聲每年都會問的問題：「你讀到了什麼？」多半我會得到不意外的反應：支吾其詞、目光呆滯、詞不達意、傻笑以對、丈二金剛……。偶爾一、兩個讓我眼睛為之一亮的回答，追問之下，又會不意外的得到這一類的答案：「我是從市區某某國小遷居進來的。」

不只十八分鐘的城鄉差距

即便僅僅只是距離十八分鐘的車程，一樣位處南投縣，這個我所在的偏鄉學校——南投縣中寮鄉北中寮學區——也極為顯著而常態的與鄰近市區鄉鎮呈現出巨大城鄉學習差距。可怕的不是顯著，可怕的是常態。南投縣至少有一半的學校位處比北中寮更為偏僻遙遠的原鄉與偏鄉，而整個台灣，如果加上離島濱海，又有多少中小學遠遠的位在城市城鎮之外？

偏遠的不是距離，不是資源，而是機會。

再遠不過是兩小時、三小時，即便是我在二〇一四年去了兩趟分享教學法與學校經營的梨山中小學，單程也不過讓我開了將近四個小時的車。網際網路可以將教學資源呈現在師生眼前，台灣人的愛與熱心，也將生活及教學所需資源盡可能的翻山過海送到偏鄉原鄉與離島。

城鄉最遠的距離，是孩子沒有得到公平而專業的機會。

但，此刻，呈現在我眼前的寒假作業告訴我，這些偏鄉孩子在一年半的MAPS教學課堂引導及學校行政策略的帶領之下，從「已讀不懂」來到了「想讀、想懂」。這是八年級寒假作業之一，學生放假前到圖書館挑三本書，選定其中一本，閱讀後畫心智繪圖，下週開始每個人有十分鐘做專書報告。

這不是一件簡單的事，跟課堂上共學完成MAPS心智繪圖的I see（文章解構統整）相比，學生們必須獨力完成完整一本書的閱讀，然後在沒有老師的提問引導之下，完成完整的MAPS心智繪圖（包含I feel及I think）。很開心看見偏鄉孩子「透過文字，自己與自己問答」的閱讀理解歷程已經發生，成品不一定都很成熟，但都完成了這一段自己對話的歷程。

這讓我想到兩個啟蒙我的閱讀興趣的恩人。

一位是我的阿公，他在我國小二年級的時候開始為我訂購《國語日報》，當時的我對於閱讀其中的文章並沒有太大興趣，倒是對於其中的四格漫畫——小亨利——興味盎然。每天我津津有味的看完漫畫之後，便將報紙束之高閣，但我的阿公總是會將每天的訂報仔細整理收藏並夾集成冊，每月為一單位，日日月月井然有序的堆放著，期待有一天，我能頓悟閱讀的美好並回頭翻找。

另一位是我的國小五、六年級導師。劉老師是剛從師院畢業的熱血青年，非常鼓勵並在乎我們這一群鄉下孩子的閱讀習慣。印象深刻的是，每一天的早自習，不同於其他班級可能是寫作業或考試，他要求我們放下所有事，就是閱讀。他從家裡搬來一套又一套的好書，在教室建置圖書櫃，書的種類五花八門，但大致來說，是適合兒童及青少年閱讀的範疇。他不強迫我們一定得閱讀哪一種類，只要是櫃裡架上有的書，都可隨時取閱。

因為劉老師，我開始感受並愛上了閱讀的美好，然後真的回頭翻找阿公為我細心存留的四年份的《國語日報》。

就這樣，那兩年我不但仔細讀完那整整一千四百六十天日報裡的每一篇文章，也在劉老師的引導之下，從兒童文學讀到了古典小說，從白話散文讀到了《古文觀止》。

國中以後，閱讀的範疇益加廣泛，翻譯小說——比如日文鉅著《冰點》——簡直讓我愛不釋手；高中在圖書館打工，接觸了現代詩以及歷史散文；大學愛上了余秋雨以及龍應台。

我在文字裡找到了青春期與家人無奈分隔兩地的情緒出口，在那樣慘綠而為賦新詞的年少時光，因為閱讀，我不致成為一無所有的失親少年；那兩年的晨讀，啟發了我一生最珍貴的能力，讓我因為這樣的能力，可以繼續探索天地古今未知的世界。

透過有效教學，改變「已讀不懂」的狀態

後來我成為了一個國文老師，並且面對與我一樣來自偏鄉弱勢的少年，我知道閱讀的美好和能量，我也想讓他們感受，所以我投入了閱讀教學；我深知閱讀理解就是一次又一次讀者與文字自問自答的過程，透過文字發現問題、找到解答，也許就是下一句、下一段，或者下一篇章，甚至是下一本書。

偏鄉或是閱讀理解能力不足的孩子，往往就是因為無法與文字產生問答的關係，所以「已讀不懂」。我一直在進行的，就是透過好的提問，讓孩子與文字發生關係，思索我的問題，然後獲得自己的答案。

這樣的過程日積月累，就在協助孩子自發性的，並且有能力的與文字自問自答。如此，便是閱讀理解的自我建構。

我感謝兩位啟蒙者，雖然他們並未直接對我進行閱讀的教學，卻給了我環境，並且耐心等待我的主動發芽，學會與文字對話，與自己對話，與生命對話。

這麼多年過去，我在這裡，一個偏鄉，我知道營造閱讀環境的重要，也知道耐心等待孩子發芽的必要，更體會了透過有效教學進行翻轉的需要。

偏鄉孩子需要被翻轉的，不只是學習的態度，更不僅只是學習的能力。他們更需要被翻轉的，是他們的人生，他們的命運。

就像孩子交出的圖告訴我的：信心是命運的主宰。

我想告訴我的孩子，信心來自於能力，有能力才有機會翻轉自己的人生。

即便是在偏鄉原鄉或離島，只要得到專業而公平的對待，被翻轉的，就不僅僅只是教與學，而是一個孩子的人生。這不是一件簡單的事，但卻是身處偏鄉原鄉海邊離島的教師夥伴們的神聖使命。是的，就是你跟我的destiny。

哥在偏鄉，翻轉的不僅只是教與學，更是一個孩子的人生。

家長教我的事

清晨，一位八年級才遷居轉學進來的孩子媽媽，透過一封長長的電子郵件，為我上了一堂名為「教育」的課。

「才短短一星期，她的臉都豐滿起來，原本飯都吃不下，現在都要吃兩碗，整個人都活過來了！」看見這幾句話，心裡不由得都酸了起來。什麼時候，我們的學校教育，竟然會發生「孩子吃不下飯」這種狀況？過去的那一年，是什麼原因讓她如此感覺挫敗？

「孩子在學習上挫敗，被老師用成績冷處理的對待，讓她整個對自己失去信心。有一次還很失落的告訴我：『媽媽，老師為什麼要這樣對我？我並不是每科都不好，我也很恭敬老師，我不是壞孩子。』」

她的確是個恭敬的好孩子，開學一週以來，聯絡簿上的字體工整得像篆刻，字裡行間傳達想要努力向上的心情。

三週前，孩子準備要轉學進來時，我在她過去的成績單上，看見了好幾科趨近紅字。對於轉學，學校除了法規規定的條件外，成績一向不是我們最在乎的重點；我們更在乎而且要求家長配合的是：父母與孩子同住，以及保持通暢的親師聯繫。

當時，媽媽非常羞赧的說：「這樣的成績，你們會拒絕嗎？」我說：「你們符合轉學規定，全家也非常願意配合學校的要求。至於成績，我們一起努力吧！」

「孩子上學第一天回來時，讓我們看到她不見很久的笑容，整個臉都是笑開的，說話聲音也變得開朗。」信上又說：「她自己很不敢相信，才轉學第一天，導師已經在學校等她並主動去找孩子，主任和其他老師也都去關心她。孩子說：『怎麼都是老師來找學生？』」

為孩子打造舞台，讓學生成為主角

我要由衷感謝所有的夥伴，因為我並沒有任教這個孩子，除了特殊個案，我一向不會為了任何轉學生對夥伴特別交代什麼。然而，學校夥伴讓孩子與父母感受到一個校園應有的溫暖友善，這不是評鑑可以看見的指標得分，卻遠遠真實超過於評鑑的分數。

這樣的溫暖，孩子感受得到，也會直接反映在學習上。

「前兩天，她數學第一次考六十分，她很開心，馬上追著老師問她不會的題目。

回家跟阿公、阿嬤說，她要努力考九十分！」阿公說：「孩子就是受到鼓勵，對自己開始有信心，才敢給自己訂這麼高的目標啊！」

夥伴們透過行之有年的合作學習，與強調以學生為中心、從基礎能力出發的教學模式，讓孩子脫離「課堂客人」模式。他們其實不見得願意稱自己的課堂為翻轉教室，或許也不需要，卻踏實的讓教學回到原本應該要有的樣子——讓學生成為學習的主角。

教學模式可以非常多元，卻不脫離基本能力，這或許就是我們學校特別的原因——因「正常」而「特別」。

「現在，看到孩子每天第一個早起，早早準備好的期待上學；回家時，也自動自發的準備功課，找家人驗收，要求自己的作息。」

當孩子可以在教室看見舞台，她就願意自己搬梯子；當孩子在校園看見成功機會，她就願意自己努力拾梯而上舞台。搬梯子當然會辛苦，愈大愈高的梯子會愈辛苦，但如果孩子感受過上到舞台的喜悅與滿足，那麼她就願意探索更大更高的舞台，再辛苦也就不辛苦。

每個孩子的舞台不一定都是國英自數社，但那把梯子對每個孩子應該都一樣，它叫做：聽說讀寫算。

「她不是壞孩子，卻受到粗糙的對待；我們用盡心力，卻逃不出台灣以成績定調孩子價值的環境和老師。」媽媽回憶。孩子過去一年所待的學校、所遇見的老師與所受的對待，我相信或許只是個案；家長的感受，或許某種程度也因為加上想像而放大，但我們的確應該努力讓我們的孩子明白：還有比考出好成績更重要或一樣重要的事。

媽媽在信件中，最後是這樣做結尾的：「我告訴她，讓她到爽文求學，重點不是為了要提高成績，而是去學怎麼樣成為一個真實的人……更期望她能夠扭轉這幾年強壓在她身上的，以成績、比較、惡性競爭等價值觀，希望她學會怎麼面對困難、處理事情，成為一個有溫度、有同理心、而且真實的人。」

教育，以拉丁文的原意來說，是「引導人成人」。謝謝這位媽媽的醍醐灌頂，我判斷她一定沒有學過教育學，也一定沒有修過拉丁文，她卻精準的教育了我——這，才是教育。

那些年，孩子教會我的事

有個廣告是這麼說的：我是當了爸爸之後才知道怎麼當爸爸的。

這句台詞放在教學現場，我的感覺是一樣的。

多年前，當我剛剛成為老師時，一直以為是我教會孩子許多事。但幾年過去，我真真切切的明白，是孩子教會我許多事。

在偏鄉小校任教，因為受限於編制，所以配課是司空見慣的事。我常在演講時提到，在台灣類似爽文國中這樣一個六班的學校，是不會有空間可以聘任合格的音樂美術

我與學生在畢業典禮演出童軍旗舞。

體育童軍家政……等師資的，所以校內教師就得任教自己專業本科以外的課程。我教過體育家政音樂歷史地理等，而我最感成就的其中之一，是任教童軍課。

初任教師的那一年，依規定我去受了童軍的木章基訓。在受訓之前，我已經在校內配了童軍課，雖然毫無專業背景，但還是想盡花招讓學生感受一下童軍的迷人之處。受訓領證之後，更是興致勃勃的把全套的受訓內容運用到我的童軍課。

這張照片，就是那年畢業典禮，我帶著任教童軍的二年級學生演出童軍旗舞。

是的，童軍旗舞。

一個完全沒有舞蹈細胞沒有音準節奏感的老師，為了學生的一句：「我們來表演童軍旗舞好不好？」於是開始找音樂、剪音樂、編舞、設計動作、搭配隊形變換……。那過程真是折煞我，但是當〈站在高崗上〉響起，學生們開始揮舞紅白旗，隨著音樂變換隊形展現動作，我真是佩服自己的天分怎麼這樣高？

演出結束，我們一起合照，照片中的笑容說明了師生共鳴的成就感。

那之後，我還帶領了國樂團。

孩子們教會我怎麼成為一個TEACHER

童軍旗舞只是我在爽文國中十七年來玩過的諸多瘋狂把戲之一，國樂團則是這些瘋狂把戲當中的超大絕。

二〇〇二年成團，二〇〇三年開始參加全國學生音樂比賽，二〇一一年第一次拿到優等，二〇一四年六月舉辦第一次對外成果發表。

團員人數從四十人到現在的八十人左右，而我們全校的學生不過是一百一十至一百二十人之間。我們外聘了專業的國樂老師，但受限於自籌經費不易，一個星期也只能上兩節課，所以團練時間誰來負責帶呢？

是的，又是我。如前所述，一個完全沒有節奏感沒有音準的國文老師。

我也只好跟著學生上課的時候旁「聽」，回家找網路資源惡補，然後團練的時候煞有介事的搖頭晃腦，時不時還要碰出一句「欸欸欸，那個拉弦組的節奏不對啊」，或者「吹管很好啊，進步很多啊！」

然後回頭問彈撥首席：「現在是演到第幾小節啦？」

二〇一四年十一月，國樂團成軍十二年之後，第一次在音樂比賽突破八十六分，來到八六・九分，這太令我震驚了，因為只差〇・一分，我就要請學生吃雞排了。

我興奮不已，而且自我感覺良好的一次又一次的反覆聽著比賽錄音，沒想到揚琴首席潑我一桶冷水說：「這裡不夠整齊！那裡音準差了！」

我問：「所以比賽這一次不是最好的表現？」

首席回我：「沒有最好，只有更好！這不是你說的嗎？」

是孩子教會我怎麼成為一個TEACHER。

為了教會孩子沒有學過的，所以我得學會我原本完全不會的；為了教會孩子學不會的，所以我得學會改變我以前會的。

我學會了更強大的Technology，學會了更多元的Evaluation，學會了更精準的Appreciation，學會了更同理的Communication，學會了更貼近的Humanity，學會了更善解的Expression，以及學會了更甘願的Responsibility。

是的，是孩子教會我成為一個TEACHER。

我的偏鄉孩子用他們的「已讀不懂」，教會我在帶領他們時學會思考，學會表達之前要先教他們學會如何閱讀。

我的偏鄉孩子用他們的自我信心不足、學習動機低落、基本能力不夠、課堂態度欠缺，教會我建構組織發想MAPS：Mind Mapping in spires Kids, Asking Quesiton motivates Kids, Presentation Acheves Kids and Scaffolding awakes kids。

你怎麼看待你的孩子給你的功課？

你想成為一個什麼樣的老師？取決於你怎麼看待你的孩子給你的功課。

「沒有教不會的孩子，只有不會教的老師」是一頂太巨大、太沉重、太濫情的帽子，會罩得你我頭暈目眩昏天暗地。

我的解讀是：如果我們願意認真且醒覺的看待每一個不同教學現場的不一樣的孩子給我們的不同課題，並且願意為了完成功課而認真的自學共學、思考精進、嘗試調整，就像我們要求孩子的一樣，那，以我的說法，這句話就會是：沒有學不會的孩子，只有不會學的老師。

孩子都努力的完成你我要求的功課了，那我們自己呢？

【第三部】

夢・得道多助

我的一個夢，變成我們的一個夢。
我們看見了參與夥伴臉上露出滿足與興奮，
那是教學生涯多麼珍貴而曾經奄奄一息的火種。
那一千七百顆齊聚一堂的熱血心腸，如此真切。
我們期待「夢二」、「夢三」之後，
工作坊能回歸各地自主開花，並對政策發聲。

教學現場問題殊異，教育改革不能全然通案考量。
我們需要有更多夥伴透過一個強而有力的發聲平台，
提出台灣各地需要被面對、被解決的不公平、不正義，
驅使要求決策者及權力者正視與承擔。

先談教學，再談教育；先給支持，再談改變。
是的，由教學來支持教育改變，這就是我們未竟之渡的「草根教改」。

起手——尋找讓台灣教育實現社會正義的解方

源於「爽中經驗」的省思，讓我清楚覺知，沒有一種經營策略可以完全複製於任何一所學校；源於「翻轉老實說」的體悟，讓我堅定相信，沒有一種單一教學法可以解決台灣所有教室裡的教學問題。因此，二〇一五年開始，我陸續在網路平台提出兩篇文章，做為號召「我有一個夢」的起手式。

柯文哲教會吳思華的事

我真希望柯文哲市長能跟吳思華部長好好聊一下。或者，更精準的說：希望柯市長翻轉一下教育部的官僚系統！

台北市長柯文哲在台北市公私立國民小學校長會議談到總務處的人力編制問題，他說老師只要負責教學，其他相關的維修、設施維護問題都可以BOT出去。假設全台北市國小教室維護是一家台北市國民小學物業管理公司，總務的相關問題就解決掉，另外，台北市決定要成立統一發包中心，以後國小校長不用去負責教室整修。

這是一個行政主官有擔當有腦袋的決策，也相當符合柯市長的一貫思維：「讓專業的來！」

很棒，但還不夠。

還不夠，是因為還有其他會影響甚至干擾教師在教學現場好好教學的行政業務存在，這些業務雖然與學校教學不無關係，卻沒有絕對必要非得校內老師才能兼任處理，比如：衛生促進、環境教育、法治教育、國防教育、春暉專案、海洋教育、祖孫教育、書法教育、租稅教育……。（各位身在行政業務督導訪視評鑑無邊地獄的夥伴可以自行延伸。）

這些業務事項的表格之繁瑣、指標之牛毛、評鑑之惱人，無須我多言，更令人碎嘴在心的是：「此項業務列入教育統合視導指標，事涉本縣教育經費統籌分配款，請各校自重！」

兼任行政業務當然會減授節數，但那是在班級數一定規模以上的中大型學校才會發生，在偏鄉小校——例如只有六班編制的本校——不好意思，山中大叔我兼任主任，一個星期規定的節數下限還是六節。而且，因為只有六班，所以規定教務主任得兼任訓導主任，是的，兼任兩個主任八個組的業務。

我的組長節數下限規定是每週十節。然後，所謂組長，是指：教務組長或訓導組長。也就是說：一個組長要兼辦整個處室四個組的業務。

如前所說，一項業務公文到了大校和本校，如果規定必須進行宣導並回報成果，大校的衛生組長只處理衛生組的業務（業務量也很多），但本校的訓導組長，卻要處理訓育、生活管理、體育、衛生等四個組的業務。

所以我說：柯市長用翻轉的概念專業的處理了總務工作的煩人事項，很棒，但還不夠，因為還有這麼多的總務以外的行政事項在干擾著教學。

趕盡殺絕的政策

偏鄉的教師夥伴們應該都知道，但教育部的長官們可能不知道，所謂的下限六節或十節，不可能真的就授課六節或十節，因為全校編制就只有十二個老師。我來簡單算給各位聽：

本校十二個教師，需要有十一個人兼任三個主任，二個組長，六個導師，剩下一位則必須兼任午餐祕書或網路管理員或輔導教師。

依照南投縣授課節數規定的授課下限，三個主任加總可以授課的下限是十八節，二個組長是二十節，六個導師是八十四節，兼任午餐祕書可以減授二節，兼任輔導教師則可以減授十節。算一算，全校十二個教師的授課下限是十八＋二十＋八十四＋（六至十六）＝一二二至一三二節。

問題來了：六個班，一個星期需要的授課節數是二百一十節（六班×五天×七節＝二一〇），二一〇－一二二（一三二）＝七十八至八十八節。

所以呢？十二個老師必須負責這七十八至八十八節啊！平均分配的話，一個人還是得再負擔六至七節啊！

所以山中大叔我，兼任了教務及訓導主任，一個星期還是必須要上十二節啊！一個星期有二分之一至三分之一的在校時間需要處理行政業務。備課呢？處理學生狀況呢？專業成長進修呢？

或者，喘口氣的時間呢？

柯市長主責台北市，偏鄉的狀況當然不干柯市長的事，雖然台北市也有偏鄉，也有六到十二班編制的學校。但台灣偏鄉教育存在幾十年來的問題，到底干誰的事？兩年前，教育部宣示，為避免偏鄉師資流動偏高的問題影響孩子的受教權，所以考慮禁止代理代課教師兼任導師及行政工作。（參見：http://www.chinatimes.com/newspapers/2014012900277-260114）

這真是一個趕盡殺絕的荒謬政策。偏鄉的代理代課教師比率已經偏高，我們以五〇%的比率來推算，一個偏鄉學校十二個編制教師，約有六個是代理代課教師，那三個主任＋二個組長＋六個導師＝十一個導師或行政人力需求，剩下的六個正式教師要如何負擔這十一個行政人力需求？

身兼數職再數職？那誰還願意待在偏鄉？

正式的老師留在偏鄉的意願已經不高，再加上這重重一擊就更不願意待，所以遺留的缺額又必須招聘代理代課，那就更沒有人可以兼任行政或導師！

或者，我應該說：笨蛋！照顧偏鄉孩子教育權利的問題，不是禁止代理代課教師兼任行政或導師，而是減輕偏鄉教師兼任行政的業務困擾，讓教師可以更有餘力、更專心的提升教學品質，這才是真正的照顧偏鄉教育。

培養教育行政人才

減輕兼任行政的業務，當然不等同於所有偏鄉教師的教學效能都能提升。我們都知道，偏鄉教師的流動率偏高、專業師資比率偏低都是問題，但至少讓願意進偏鄉，或者已經留在偏鄉的有心教師，能夠多一些願意繼續待著的動力。

教育替代役？募兵？實習教師？師培生？

我的建議是：

- 讓學校裡沒有絕對需要編制內教師處理的業務抽離，比如：環境教育、法治教育、國防教育……交給其他人力（仿效行政專員或企業界的業務輔助）處理；至於教學、課務、配課……等，仍由教師兼任。

可取代處理業務的人力包括：教育替代役（結合募兵制），軍校生轉任教育行政職、實習教師（行政實習，大二即可開始），師培生或師資生納入課程等。替代役住宿、管理等問題必須協調國防部統一處理，避免再由偏鄉學校處理。（本校曾大費周章處理住宿問題〔本校原無宿舍〕，後仍因下班後管理問題而深受困擾。）

行政業務即便每年交接都不會是大問題，只要建檔完整、職前受訓即可。山中大叔我十七年前可是僅拿到三個空的資料夾就上任訓導組長，連前一任的組長我都沒有見過面就交接了。

- 讓有志行政的教師夥伴處理與教學有絕對相關的行政事項，培植更多優秀且了解現場的行政人才；讓受過教育或行政處理相關訓練的人力，有制度的處理與教學非直接絕對相關的業務，減輕教學者壓力，提供未來想擔任教職的人員更多直接接觸教學現場及環境氛圍的機會。

偏鄉小校可以「學區」為單位，一個學區設置一至兩人，每週巡迴到各校上班處理需要現場進行的業務。另外，在學區中心學校設置辦公桌，以雲端系統處理學區各校紙上作業。

表現績優的人力，該給獎金就給獎金，該給教師甄選加分的就加分，該給課程高分以利畢業分發實習或教檢的，就給高分。

讓教師更專心教學

柯市長希望教師能更專心教學，除了柯市長，誰更希望教師專心教學？校長希望教師專心教學，家長更希望教師更專心教學，教育主管機關的長官呢？

柯市長希望教師能更專心教學，所以在他上任短短兩個月後提出了他的想法。不管是柯市長認真、博學，或是幕僚太給力，但總是提出了具體可行的辦法。雖然只解決了某一部分的問題，但已經令台下校長一片掌聲叫好。

校長希望教師專心教學，家長更希望教師能更專心教學，但他們只能仰望教育主管機關。

九年國教已經上路快要五十年了。這麼久也都等下去了，再等兩個月看看吧！

公平的對待公平的，不公平的對待不公平的

「公平的對待公平的，不公平的對待不公平的。」這是Rawls（1971）在其《正義論》（*The Theory of Justice*）說的一段話，也是我的碩士論文緒論的引言。我的論文當然不是什麼偉大的著作，但是這一段話卻是我堅信的價值信仰。

這是積極性差別待遇，也是台灣實現社會正義的解方。

很遺憾的，這麼多年來，至少在我從事教職十七年來，我沒有強烈感受到這樣的精神落實在偏鄉的教學現場。不是虎頭蛇尾的專案經費投入，不是假性正義的升學管道

優惠，更不是掛在嘴邊的不實口惠，而是通案的制度設計，是荒謬的師資編制，更是沉痾的行政枷鎖。

全國通案的教師編制讓大校恆大，小校恆小。以國小來說，這十年來，台灣國中小班級數與師資編制比例從一比一．五提升到一比一．六五的意義是什麼？一個六十班的學校會增加九個教師（0.15 x 60 = 9），但一個六班的學校會增加多少個？〇．九！（0.15 x 6 = 0.9）

〇．九！連一個教師都沒有增加吔！

在偏鄉原鄉離島的學校，六班是常態，結果這樣全國通案性的師資編制制度，只是讓大校師資愈來愈多，而最需要補足師資的小校，卻一點幫助都沒有。

師資不足的嚴重程度

師資不足的狀況在偏鄉中小學有多嚴重？我再來說給大家聽。

一個全校只有六個班的國中，按照九年一貫課綱的規定，每一個班每一個星期要上五節國文，全校總共要上三十節，一個專任國文老師，按規定一個星期可以上十八節，所以需要兩個專任國文老師（所謂專任，就是不兼導師不兼行政，在學校裡純粹只教書），才能專業的進行全校的國文教學。不過，如果他們兼任了導師，一個星期就只能上十二節（兼任導師加上課減課之後），所以需要三個國文老師。

但是，在六個班的國中，全校按照規定只能有十二個老師，而這十二個老師要兼任三個主任、二個組長、六個導師，總共至少十一個行政職務，加上營養午餐祕書、網路管理員兼任輔導教師等，不會有任何一個偏鄉教師是可以專任的。再加上課程不可以分割（一個班級的五節國文課，不可交給兩位老師），因此，從偏鄉現場實務經驗上來說，一個六個班的國中，至少需要三個國文、二個英文、三個數學、二個自然、二個社會老師，才能解決國英自數社的任教問題（三＋二＋三＋二＋二＝十二）。

是的，十二個。六個班的國中的全校教師編制的最上限。

所以，從民國五十七年九年國教上路以來，本校從來沒有編制的空間可以聘任國英自數社以外的老師。（在南投縣，有六〇％的中小學全校只有六個班。）

音樂、美術、體育、家政、電腦、輔導、童軍老師，沒有！

生活科技、視覺藝術、表演藝術、健康教育老師，沒有！

從來都沒有！

無奈的編制，導致教學無法正常化

十二年國教把國中教學現場的課程規劃為七大領域十七個學科，但偏鄉學校從來就只有四領域五個學科的師資。連師資都不夠，談什麼正常教學，更別提有效教學。

所以，誰上這些課？當然就是配給校內現有的國英自數社老師去上。這在城市某些升學國中是常態，因為他們希望多上國英自數社，但在偏鄉卻是出於無奈，因為沒有師資。

台灣的教育現場很詭異，要不，是升學的常態性的變態，要不，是編制的無奈。不管是常態或無奈，可憐的都是孩子。

所以，偏鄉音樂課誰上？英文老師？因為他常唱英文歌？所以，偏鄉美術課誰上？數學老師？因為他常畫圓形三角形？

當然，學校也可以挪一個空間聘任體育或童軍或美術老師，那就是從原本的數學老師兼任美術課，變成美術老師兼任數學課！

這樣比較好嗎？因為編制就是這樣，動彈不得。

城市老師被要求專注在任教本科的專業提升，但偏鄉老師卻被要求發展第二、第三、第四、第五六七專長。

十二年國教的重要配套措施是教學正常化，所以長官會來督導各校是不是專業師資任教。偏鄉哪來編制內專業師資任教綜合領域、健體領域、藝文領域？於是乎，寒暑假或者週末，編制充足的學校老師享受正常的休閒生活，偏鄉老師被要求去師大或師培中心進修第二三四五六七專長。

不去不行，統合視導教學正常化這個指標會被扣分，會影響窮縣的統籌分配款經費爭取。偏鄉教師哪能承受得起這樣的大帽子？

虎頭蛇尾的專案經費

都只會說原鄉孩子天生擅長歌唱舞蹈體育，卻沒有專業師資帶領發展天賦；都只會說偏鄉孩子一樣擁有多元智慧，卻沒有專業教學去引導探索發現舞台。

城鄉不是差距，是差異；文化刺激不是不足，是不同。

當官員都只會說沒有做，孩子多元智慧的差異就真的變成城鄉差距，生活環境的不同就真的變成文化刺激不足。

當差異被帶領被發展，他不會是差距而是亮點；當不同被重視被發展，他就不會是不足而是特色。

當教育主管機關、政治人物夸夸其談亮點學校特色教育的時候，卻無視於偏鄉原鄉師資不足的問題。這不是空話，什麼才是空話？

三年前開始，教育部提出了增置專長人力計畫，提供經費讓有需求的國中可以共聘外聘編制內不足的師資。

這是爽文國中自籌經費走了十二年的路。從十二年前開始，我們就以學區共聘的方式，外聘了專業師資到學校進行美術音樂教學。（依稀記得，八年前，當我們的孩子在全國學生美展比賽非美術班組別大放異彩，豪取所有南投縣參賽獎項時，某位教育局長官還來到學校關心。他很納悶，一個沒有美術老師編制的學校，怎麼會有這樣的教學成果。當我興高采烈的分享我們的解決之道，他卻眉頭一皺，嚴肅的說：這樣的師資聘用沒問題嗎？自籌經費來源這樣好嗎？）

感謝教育部終於發現這是個可以解決問題的方法，但去年開始，原本兩校可以共聘兩個教師名額的模式，卻無預警的縮減成只能聘一個，原因當然是：經費不足。

這就是我說的：虎頭蛇尾的專案經費。

常態性的變態

這麼多年來，多元升學管道一直提供偏鄉原鄉孩子優惠的加分或外加名額，但我們看到的其中一個現場狀況，是去年台南縣某位在會考拿到5C的偏鄉國中學生，因為保障名額錄取了台南一中，卻在榜單公布後直接放棄入學，前往私立高職報到。這樣一場戲，是因為國中端可以掛一個紅布條宣傳該校有人錄取台南一中，私立高職端也可以掛一個紅布條，宣傳該校有一個孩子棄明星高中而選擇就讀該校。孩子究竟是不想去？還是不敢去？進得去，但念不念得下去？

這不是個案，在太多太多的原鄉偏鄉，這又是一個常態性的變態。有人為了紅布條，有人為了獎學金，有人為了廣告招生宣傳。

孩子敢去而不想去卻申請了，這是沒有適性；想去不敢去而放棄了，這是沒有揚才；不想去也不敢去卻填了又放棄，這樣的一場適性揚才大戲，就是我說的各取所需的入學管道優惠的假性正義。

大校恆大，小校恆小

至於不實口惠，就是讓大校恆大，小校恆小的全國通案的教師編制比例。

我的建議：

1. 六班（含以下）的中小學，教師人數至少必須滿足七大領域都有專業師資，以實際授課節數來看，國中必須至少將現行的十二位教師提高到十五位教師，國小由九位教師提高到十二位教師。不以班級數與編制比例來看，而是以滿足實際教學所需教師數來看；不是每年申請專案經費（包含增置專長），而是納入正式編制，同時配套行政處室業務編制擴編，並設置同一學區一位的專案行政助理。
2. 七至十二班規模的學校，班級數與教師編制比例提高到一比二・五，如果提高到一比三，行政處室業務編制即可擴編，那麼連專案行政助理都可不用設置。
3. 十三班以上規模的學校，即可採用現行全國通案的教師編制比例。
4. 小校裁併的問題另案討論，但至少不適合也不可裁併的小校要如此處理。

我知道需要錢，我知道教育部會說，要和財主單位溝通。所以我懇請教育部好好溝通，更拜託財主單位到偏鄉原鄉走一走。搭高鐵轉巴士或專車接送也可以，請到捷運到不了的偏鄉原鄉看一看。

沒有機會得到專業對待的，才是不公平

全國通案的制度不是公平。真正的公平，是不公平的對待不公平的。

城市的孩子和偏鄉的孩子都是台灣的孩子。通案的教師編制，讓城市孩子可以擁有更充足的師資照顧，我們樂見其成，但生在偏鄉長在原鄉的孩子，家庭支持社會資源立足點已經偏低，如果政府沒有積極性的差別待遇介入，台灣就沒有社會流動的機會。再多的虎頭蛇尾經費，再大的假性正義優惠，都只是一場大戲，一場沒有未來的大戲。

這幾年來，教育現場的教師自主翻轉已經風起雲湧。城市教師在社會氛圍支持、家長教師團體力挺之下，已經有愈來愈多投入並起身而行翻轉，整個城市教學現場的腳步逐漸走出過去的升學及考試綑綁，加上科技資源在城市的便利及導入，城市的孩子愈來愈有機會在學校在課堂學到能力，而不只是拿到分數而已。

偏鄉原鄉呢？

沒有充足而專業的師資可以翻轉，也沒有充裕而專注的心力可以翻轉。偏鄉還在原地打轉，而城市已經翻到九霄雲外。

這樣一邊不動、一邊狂飆的翻轉，就是台灣城鄉劇烈拉開差距的噩夢。

偏鄉原鄉弱勢不是距離城市的遠近，不是距離家庭平均年收入的高低，不是單親依親隔代新移民的填表數字。

沒有機會的才是偏鄉，沒有被專業對待的才是弱勢。

為了公平起見的全國通案制度，讓偏鄉弱勢的孩子沒有機會得到專業對待，才是不公平。

不公平的對待不公平的才是正義，才是公平。

每校多幾個老師，許台灣孩子一個未來；一年十幾億，買一個公平正義的台灣。

這樣的要求，會不公平嗎？

出聲——我們未竟之渡的「草根教改」

之前的文章得到了極大的回響，教育部長官也看見了，於是我有了直接與長官對話的機會，我在對話中提出了我的看法：

不是制度讓我們留在偏鄉的，是孩子；不是環境讓我們留在偏鄉的，是教學；不是失望讓我們留著不走的，是希望。

透過任何制度與專法，希望把教師留在不是自己家鄉的偏鄉，往往不會有太大成效，因為那違反人性。只有讓去到偏鄉的老師，在留著的每一天感受到支持，有能力有信念能夠給予面前的孩子專業而公平的對待，留一天給一天，留一年給一年，對孩子才是真正務實的公平。

在制度與環境的改善還需要政治等不同力量拉扯妥協說好談妥之前，請教育部以官方能夠做到的支持，支持我們建構一個讓老師們可以彼此扶持的平台，包含實體工作坊與線上支持網，好嗎？

由下而上的務實改變

「我有一個夢」的具體主張：「先談教學，再談教育；先給支持，再談改變。」

過去的三十年五十年，台灣的教育改革從來就是先談教育，再談教學。負笈西方的專家學長學成歸國，引進西方歐美的教育理想，如果進得廟堂，便風風火火轉成教育政策，繼而要求現場教學「實驗」、「試辦」、「前導」。其中路徑多半是先城市再推至偏鄉，先研習再培訓種子教師，設定好實驗環境再進行實驗，調配好試辦條件再進行試辦，選擇好前導對象再進行前導。先別提源自西方歐美的教育理念是否完全適合台灣教學現場，有些教育理念甚至早已經在發源地實驗證明過時。這樣實驗試辦，前導本質就不符合多變多樣的真實現場，更別提這樣一個由上而下的路徑，本質上就不符合由需求產生改變的脈絡。

另外，由上而下的教育政策推展，除了要求教學跟隨起舞之外，另外便是與專案經費掛勾，亦即你先提出改變計畫，經我審核，再給經費支持。眾所皆知，計畫申請審核模式大體如此，但審核機制之一，必然是學校端提出的計畫必須服膺計畫精神，亦即符合政策需求，否則便通過不了計畫審核，拿不到經費。換句話說，這仍是由上而下的教育到教學路徑，並非教學現場發現問題、分析問題、糾集社群、產出策略、解決問題的由下而上模式。如果由下而上的解決問題過程獲得更多支持，那麼改變就有機會發生，若仍是由下而上的承辦業務申辦計畫模式，問題解決及改變發生，就只會發生在符合實驗、試辦、前導條件與環境的實驗環境學校，改變的規模及層級，就會狹隘，城鄉差距就會愈加惡劣。

因此我提出先談教學、再談教育，先給支持，再談改變：由現場需求出發的自發性改變；由草根現場實驗產出的問題解決導向教學策略；由現場教師陪伴、帶領、扶持的社群成長模式等。由教學出發，影響改變教育政策的調整、推出與銜接，才是可行的由下而上的改革模式；同時，官方在這樣由下而上的教學改變過程中，給予更多的資源支持、更簡便的行政程序、更實質但更少書面作業的成果檢核，那麼，改變就會遍地開花，各自美麗。

這個夢，於是成形。

一個人的力量有限，但我想幫得更多

二〇一五年四月二日，我在臉書正式出聲，說出：我有一個夢。

二〇一二年，我去了澎湖七美國中，接待我的吳校長，熱情分享了他們在這個離島學校窮盡一切可能讓孩子們學畫畫，不是因為政府的專案補助，而是因為有個退休老師利用晚上、週末自願幫忙。分享結束，熱血的主任急切地想知道我所有在爽中推動的行政策略的細節，我傾囊相授，然後開心的問：「你好有心，你是這裡人？」他說：

「是！」我說：「那太好了，要堅持下去喔！」他說：「我急著問你細節是因為我要離開了，要到澎湖本島去了。」

二〇一三年，我去了高雄那瑪夏。結束之後的短暫空檔，我跟一位美麗的原住民老師閒聊，她很害羞地說：「我想要把你的教學方法學起來，可是我不是本科系，怕學不好。」我說：「那你是哪一科？」她說：「我沒有正式師資資格，因為我是這裡人，我想要幫我自己的家鄉，所以一直來學校幫忙代課，並且努力進修自己。」

二〇一四年一月，我去了台中梨山中小學，分享了「動機策略」和「成功機會」的重要及具體做法。會後我們相約，下學期再來分享MAPS，並且帶他們實作。十月，我依約再次前往，不熟悉的諸多生面孔讓我起疑。我問了聲：「一月份的老師還在的請舉手？」三、四隻手孤單的點綴其中。

二〇一五年一月，我去了花蓮壽豐。微雨的冬日週末午後，擠滿教室的校內校外老師讓校長吃驚。沒有研習時數，沒有美味餐點，後山夥伴想要改變教學現場的熱情，讓低溫的迷濛校園溫暖了起來。我說：「我們來建立花蓮的教師網絡，夥伴們彼此分享訊息，打氣加油，進修成長，好嗎？」社群成立了，但我很抱歉，我實在沒有時間專職管理並時刻參與，我知道零星幾位夥伴仍然不定期會分享訊息，甚至跋山涉水前來我的課堂觀課，但我想幫得更多。

二〇一五年三月，我延後了馬祖高中及離島敬恆中小學的三度邀約，除了臨時被長官交代的行程讓我不得不放棄之外，霧季讓學校一再提醒飛機轉渡輪的交通方式有可能滯留好幾天的風險，讓我非常擔心耽誤自己學校的行程及課務。

我有一個夢，我想幫忙更多，但我清楚知道，在地力量才是翻轉孩子學習樣貌的根本。翻轉的意義不在載具，不在科技，而在在地力量的投入與願意。重要的不是：老師，你會不會回來?而是在的每一天，都讓孩子得到專業而公平的對待。

教師編制還在奮鬥，行政地獄仍未解脫，偏鄉原鄉離島海邊的夥伴們，我們能先做些什麼？

自己的孩子自己救，期待別人給你力量翻身之前，你掙扎而起了沒？

如果你沒有試著或持續一次又一次奮力掙扎而起，你如何期待，在你面前沒有被國家公平對待、只能仰仗你拉他們一把而得以翻身的孩子能夠學會如何翻身？

夥伴們，站出來！

一起來，我們來學會更多可以改變現狀的好方法，串聯彼此的在地力量，建立自主的部落社群，讓翻轉學習的芽苗在我們各自的呵護之下，可以拔地而起，蓊鬱成林，好嗎？

以學生為中心的教學就是翻轉，讓孩子學會能力才是學習。

我們一起來，好嗎？

草案如下：

（一）時間：七月九至十二日（其中的二或三天）。

（二）地點：嘉義中正大學（含住宿）。

（三）行政事項：包含公文、報名……國教署答應全力支援。

（四）目標對象：台灣偏鄉原鄉離島學校國中小教師，以及非學校型態教育工作者（參考教育部版本）。

（五）人數：一千至一千五百人。

（六）報名時程及方式：

1. 四月底完成課程及講師規劃。
2. 五月開始開放目標教師報名。
3. 五月底前，目標教師若達到一千人，六月開放兩週台灣其他學校教師及非學校機構教育工作者報名，名額上限五百人。
4. 目標教師未達一千人，研習取消。

（七）課程：由我主導規劃。

1. 專題演講。

2. 國中小分科教學法講座（至少同時十個場地、十個中小學現場翻轉教師分享）。

3. 教學法：不限，以學生為中心，學會能力的教學法。

4. 講師群：我來找。國中小現場實際教學老師，國中以國英自數社為主，國小以閱讀寫作班數學英文為主。

5. 實作／共備／產出／分享。

（八）配套措施：

1. 建立以鄉鎮或學區為主的自主教師網路社群，找出聯絡人，建立平常聯絡模式。

2. 回流研習：寒暑假至少一次，寒假分區，暑假全國。

3. 建立觀課雲端平台：在二〇一五年十二月以前，建立觀課隨選平台。目前我已邀集國中國英數社四位老師（包括我），拍攝每一天每一節課的上課影像至少一學期，由大學教授帶領傳播學系學生進行統一後製上字幕，拍攝人員及費用由國教署出資並建置管理平台。二〇一五年開始，每一年募集五至十五位教師協助拍攝，逐步建構國中小每一個領域不同教學法觀課影音隨選互動平台。

我有一個夢，我希望能幫助更多，讓所有台灣還沒有被專業而公平對待的孩子都能得到他們本來就應該擁有的。

七美的吳校長，帶著你的夥伴來，讓學習不再只能依靠運氣。那瑪夏的美麗姑娘，邀請你的夥伴來，讓專業不再只能自己摸索。梨山的壽豐的馬祖的夥伴，吆喝你的夥伴來，讓堅持不再只能單打獨鬥。所有的已經堅持這麼久的夥伴們，一起來，讓在地力量協助偏鄉原鄉離島孩子有能力翻轉自己的命運，讓台灣的每一端都更能一起往上往前，好嗎？

各種力量匯聚

很快地，文章得到了更大的回響。

不到一星期，我邀集了第一波包含國中小國英自數社十二組別的十二個召集人。這些召集人有些僅只是臉友，有些早已熟識，但在我逐一電話邀約說明之下，紛紛熱血答應。他們多是社群的領導人，並且一直在教學現場任職，具備創新與有效的教學法。

一週後，我們在台中市西苑高中教務主任盧世傑老師的安排之下，召開了第一次籌備會。國教署廖慧玲老師奉許麗娟組長之命而來，全程參與，並適時給予需要的資源與承諾。中正大學師培中心林永豐教授便是受國教署之託出席，因為他答應負責整個「夢一」（我有一個夢的第一次全國集中式工作坊，稱之為「夢一」）的場地規劃與行政事務。

到了籌備會現場之後，才知道這是一場這麼大型的工作坊，目標一千五百人的活動，需要的行政前置事項、報名系統規劃、學員及講師食宿、場地教室安排、工作人員招募與訓練等，是多麼龐雜與繁瑣，但林老師與他帶領的團隊（這裡的團隊其實也只有一人——林老師的助理曾子旂小姐），一口允諾，並義無反顧地承擔了起來。

接下來一個月，所有工作事項分頭並進：各組召集人開始規劃課程並組織講師群；國教署處理公文流程並編列預算；中正大學林老師規劃行政事項，並邀請嘉義縣網中心楊明勳老師、王嘉田老師及中正大學電算中心投入網站架設及報名系統；我則繼續到處宣傳我有一個夢。

六月十二日，「夢一」開放線上報名，一天之內，超過九百位老師報名成功。

六月十八日，一千七百個名額額滿。

七月十三日，「夢一」正式上場。

七月十四日，我寫下這一篇紀錄。

遍地美麗的改革星火

別走在我之後，我可能無法帶領；別走在我前頭，我可能無法跟上。請與我平行，做我的朋友。

——法國哲學家卡繆（Albert Camus）

多年來，台灣教學現場一直不安靜。追求改變，回歸教學本質的呼喚及行動始終未曾停歇，隨著網路平台的蓬勃，這些異地卻同時的作為，在二〇一〇年左右開始逐漸浮上檯面。

其中最令人熱血沸騰的典範，在教育噗浪客及溫老師備課趴之後，還有葉丙成及張輝誠兩位老師在誠致教育基金會及公益平台的推波助瀾之下，以翻轉為名，點起遍地美麗的星火。

這點點星火，於去年（二〇一四）九月在台中引燃台灣教育史上最大規模的教師自主研習。緊接著，《親子天下》發起翻轉教師大會師，讓更多隱藏在大城小鎮、山巔海湄的杏壇神人，不再只隔著鍵盤螢幕神交，而能實際會面交流。一股莫之能禦的沛然洪流，眼看就要帶起這一波來自草根本土原創的教學改革。

改革之火將拉大差距？還是真正改變？

今年起，來自各地期待改變的聲音更大。然而，常年蹲點偏鄉的我，卻深刻感受並憂心忡忡，這一波由城市教師熱血點燃的教學改革之火，將會造成台灣城鄉差距的再一次急遽拉大。

一直以來，我樂見城市的夥伴們因為社會氛圍感染逐漸接受並支持改變，來自校內或社群的專業夥伴聚集也能互相扶持，讓學生真正在課堂內成為主角，讓課堂教學除了知識的給予，更強調能力養成。

但與此同時，我卻也眼睜睜看著，對城市教學翻轉無感與冷感的諸多偏鄉夥伴，在行政業務綑綁束縛、員額編制不符需求等諸多制度性與結構性的多年沉痾壓榨之下，只求還有殘餘精力把進度教完，不敢也無法奢求精進教學方法，好讓學生真正的學會。

偏鄉教學現場的問題，當然不僅只是來自制度與結構，教學人力的來源、流動與素質當然都是成因，但怎麼做，才能攪動一灘死寂的水，讓身處偏鄉的教師也有機會去思索改變？甚至當我們無法一次到位處理因時空背景造成的歷史共業時，可否至少讓已經待在偏鄉的優質教師夥伴感受到更大的實質支持，而不是淹沒在無邊的行政業務，以及無窮無盡的兼代非專業科目底下？

今年四月，我寫下了這個夢，希望舉辦「全國偏鄉教師教學專業成長研習」。一個星期後，包括來自學思達教學、教育噗浪客、班級經營、數學咖啡館、MAPS教學及國教輔導團等十二位台灣教學現場各擅勝場的熱血教師接受我的邀請，成了國中小各科召集人。

一個月後，工作坊所需的五十位講師幾乎全數到齊。五月底，由中正大學與嘉義縣網夥伴完成網路報名系統，以及後續雲端備課支持平台的建構。六月十二日，一開放網路報名，即有近九百位教師在二十四小時內報名成功。六月十八日，報名人數已衝過一千七百位。

七月十三日，當我站上舞台，面對來自山、來自海、來自山海之外的滿場夥伴，現場聚集的正面能量，讓我暈眩得無法言語。擅長並習慣演講的我，選擇了最不擅長的方式——唱歌，來表達我的激動與感動。無能調動詞彙，唯有扯嗓長嘯。

兩天一夜過去，聚集一千七百人的教師專業成長工作坊圓滿結束，實證了「我有一個夢」的第一個夢完成。我們號召了超過兩成比例的偏鄉教師參與了這個夢（我們暱稱此夢為「夢一」），這個比例是台灣教育史上教師自主研習前所未有的紀錄。

先談教學，再談教育；先給支持，再談改變

教育部長在八月的全國教育局處長會議上，具體回應了我們的訴求之一，裁示政策變革，只是大多集中在行政業務減量，卻迴避了「人」的問題。雖然成果未必盡如人意，卻已是我十八年來感受到最貼近偏鄉教育現場需求的一次。一直以來，我主張未來的改變應包括：

1. 依不同班級數重新規劃教師編制，以滿足偏鄉小校教學現場的最低教學需求。
2. 六班規模以下的學校，行政人力必須合理擴編，以解決日益複雜繁瑣的教學升學及輔導管教工作，不論是正式編制、任務約聘或閒置人力活化挪用。
3. 人力編制擴編所需的預算，必須由中央立法編列，而不是由地方政府自籌買

單。這不是地方自治的問題，而是國家必須負責的公平正義問題。

人與事的問題無法脫鉤，教學與行政的連動必須合併思考，否則便是隔靴搔癢虛應故事，緩不濟急，而且事倍功半。

我們的一個夢

我的一個夢，變成我們的一個夢。當「夢一」順利圓滿，此刻，我要用我的方式向「夢一」所有參與的夥伴——這些來自台灣第一線親身投入深耕的夥伴——說謝謝。

我們看見了參與夥伴的用心規劃課程，前來研習的每一位種子教師因為投入、專注，臉上露出滿足與興奮，那是教學生涯多麼珍貴而曾經奄奄一息的火種。

那一千七百顆齊聚一堂的熱血心腸，如此真切。

我們期待「夢二」、「夢三」之後，工作坊能回歸各地自主開花，讓每年一度的大會成為各領域、各年段傑出教學嘗試的發表平台，並對政策發聲。

教學現場問題殊異，教育改革不能全然通案考量。我們需要有更多夥伴透過一個強而有力的發聲平台，提出台灣各地需要被面對、被解決的不公平、不正義，驅使要求決策者及權力者正視與承擔。

先談教學，再談教育；先給支持，再談改變。

是的，由教學來支持教育改變，這就是我們未竟之渡的「草根教改」。

【第四部】

夢・遍地開花

我們都曾在各自窘迫艱辛的教學場域裡沮喪無奈，
但又不捨不願面前的孩子失去因為教育而得以翻身的機會。
也許有太多教育的種種，讓你我曾經奮起卻又無疾而終，
但卻又在踏進課堂裡遇見孩子眨啊眨的天真雙眼時，
想起自己為人師的初衷。

台灣需要更多有重量的發聲，
所以我們需要有更多夥伴有這樣的教學能量，
能量愈大，重量愈多，偏鄉的孩子——或者台灣的孩子——
才有機會不再被不公與冷漠對待。

孩子，就是我們的初衷。
這個夢，就是因為這樣的初衷而出發。

「夢一」之後

平面媒體這樣報導「我有一個夢」：這是第三次教改的起點。

我其實不很清楚前兩次教改的來龍去脈，所以不知道這個夢算不算是教育改革，但我希望這是個起點。

教育，或者偏鄉教育的問題很多：假性正義的全國通案思維模式下的班級與教師編制比例、滿足偽KPI思維下綁死榨乾教師心力的行政業務無邊地獄、受教權與經濟成本夾雜競爭力拉扯不停的小校廢併校爭議、各方角力說話大聲就贏彷如初一十五月亮模式的十二年國教入學管道拼裝列車……凡此種種來自於制度的流弊陳疾，不勝枚舉。導致偏鄉學生學科學習競爭力呈現城鄉差距愈拉愈遠的成因各地不同：家庭支持低、文化刺激不足、學習動機低落、教學模式停留在知識的給予與傳遞……凡此種種來自各校行政教學策略的無奈或失能，所在多有各有殊異。

我在偏鄉第二十一年，最近六年我走過超過兩百所偏鄉學校，這些問題，我多數都知道。我知道這些都是問題，都是問題的成因，但我也知道，那不是一個活動一場夢就可以迎刃而解。

所以這個夢，只想聚焦在教學，在課堂，在每一個教師可以決定的現場。

這就是改變的起點

二十年前稚嫩的我，沒有那個視野與腦袋看見問題的所有成因，更沒有能力與能量解決我的教室以外的問題。所謂政策所謂制度，對我來說就是京城裡的大人遊戲。我唯一能做的，唯一想做的，就是讓我眼前的孩子在我的課堂裡，透過知識的傳遞與給予，獲得能力與態度的養成。

而也只有那些無數個因為我而獲得知識養成能力充滿動機的閃爍眼神，會讓我忘記偏鄉困窘的種種，會讓我願意繼續留下，並且在心裡告訴自己：我不知道自己可以留下來多久，但我願意在我留著的每一天，都盡力讓我的孩子得到專業而公平的教學對待。是孩子那樣的熱切眼神，給了我無價的回饋，讓我說服自己，為人師的初衷沒有別人眼中的那麼傻，讓我在面對制度資源沒有被國家公平對待時，仍沒有停止堅持。

二十年過去了，那些傻，傻成了能量；那些堅持，堅持到了被看見。

於是由下而上的教育改革能夠露出幾許曙光，原來來自於教學的能量被看見。

或許，這就是起點，改變的起點。

還有很多的荒謬掐頸需要被正視，還有更多的假性正義需要被面對，所以我們需要更多夥伴有能量被看見。當被看見的能量聚集，曙光就會迎來破曉，當黎明破曉，會不會就能看見公平正義的島嶼天光？

而能夠被看見的能量，來自於傻，來自於堅持；傻與堅持的動力，來自於課堂，來自於孩子的熱切眼神與無價回饋。

所以我們的這一個夢只想聚焦在教學，在課堂，在每一個夥伴可以也必須得到正向回饋的現場。這是所有教師之所以願意繼續在每一個辛苦程度不一的現場投入付出努力的動力來源。

讓教學的美好重溫你我初衷

是的，此刻開始，我們一起來圓一個夢。

這是一個集結了四十八位教學現場熱血專業的講師陣容構築的夢，也是一個凝聚了官方民間、由下而上自發性描繪的夢，更是一個需要山巔海邊離島四方台灣教師夥伴共同實踐的夢。

我們都曾在各自窘迫艱辛的教學場域裡沮喪無奈，但又不捨不願面前的孩子失去因為教育而得以翻身的機會；我們都曾在彼此投入付出的教學歲月裡歎息迷惘，但又不甘不想面前的孩子錯過因為學習而得以長大的能量。

也許是因為行政的綑綁束縛，讓你我心有餘而氣力不足；也許是因為資源的多寡不均，讓你我起而行卻無以為繼；也許有太多教育的種種，讓你我曾經奮起卻又無疾而終。但卻又在踏進課堂裡遇見孩子眨啊眨的天真雙眼時，想起自己為人師的初衷。

是的，課堂，是的，教學。

那不就是你我願意一次又一次再嘗試再投入的原因？

來，夥伴們，我們並不孤單。

讓教育的種種先放在腦後，讓教學的美好重溫你我初衷。

先談教學，再談教育；先給支持，再談改變。

這是我們不忘初衷的夢。初衷，是方向，也是目的；是起點，也是終點。

我的教學能量，讓我有機會獲獎、出書然後見光。這樣的能量，也讓我的有感而發有了重量。我清楚而我也一直這樣提醒自己，我的聲音的重量來自於不是為了一校一人，而是為了更多更多同樣身處其中、去到台灣不同偏鄉但習慣或被迫無聲耕耘的夥伴發聲。

台灣需要更多這樣有重量的發聲，所以我們需要有更多夥伴有這樣的教學能量，能量愈大，重量愈多，偏鄉的孩子——或者台灣的孩子——才有機會不再被不公與冷漠對待。

這不就是我們共同的初衷？即便我們素不相識，但一如我與我的爽中夥伴，即便我們不多說，但我們都明白：孩子，就是我們的初衷。

這個夢，就是因為這樣的初衷而出發。

夢在花蓮

「夢一」結束了，夢的種子開始遍灑台灣每個角落。

首先是二〇一五年十二月的花蓮版。我的紀錄如下：

不要因為沒有夥伴，所以遲遲不上路。只要你願意上路，你就會看見我們，找到夥伴。

今年暑假的「我有一個夢」（「夢一」），已經讓很多願意上路來到中正大學的夥伴找到夥伴。離開中正大學之後，這些夥伴召喚了更多夥伴加入「夢一」寒假的回娘家。

但還不夠，我們知道還不夠。

還需要更多更多山裡海邊的夥伴被召喚出來，把藏在內心裡關於那個教育初衷的夢召喚出來。

我們知道，只有在地深耕，才會真正翻轉。

所以我們一開始就規劃：明年暑假的「夢二」，會是最後一次的集中式研習。在「夢二」之後，我們要開始遍地開花的縣市自主工作坊。

只是沒想到，不用等到明年，這個週末，這樣的夢就在花蓮實現。

我要感謝花蓮明義國小吳惠貞校長的邀請、安排與規劃，讓「我有一個夢」的花蓮版得以在十二月九日至十二月十日實現。

我也要感謝夢的團隊——王秀梗老師、沈政傑老師、林淑媛老師、徐美雲老師、郭淑儀老師、陳振威老師、洪夢華老師、蔡宜岑老師、許扶堂老師、林伯彥老師——犧牲自己的假期，不遠千里去到後山散播夢的種子。

我更要感謝這兩天參與「我有一個夢」花蓮版共備坊的國英自數社國中小老師們。這八十位夥伴為了給後山孩子更好的教學，從花蓮各地奔波而來，願意為了讓自己的課堂風景更美好，在寒風低溫中一起共備共好。

謝謝明義國小團隊的行政協助，謝謝夢的講師群的家人體諒支持。

接下來，我們期待有更多縣市夥伴提出這樣的需求與邀請。目前已知明年（二〇一六）「我有一個夢」將前往澎湖進行共備坊，十月將前往桃園。

歡迎看見訊息的夥伴向夢的團隊講師們或我提出邀請。我們建議有意願的單位向教育部申請計畫經費，我相信教育部很樂意支持這樣的工作坊。

如果經費真的有問題，夢的講師群們告訴我：別管鐘點費了！

基本上以兩天的實作產出型工作坊為原則，盡量是週末。國中小都可以辦理，夢的優秀熱血講師群裡國英自數社都有。

上路吧，夥伴們在路上了。

夢在瑞芳

接著是二〇一六年五月，台灣東北角瑞芳地區版，我的紀錄如下：

或許是從偏鄉去到另一個偏鄉，今天（五月一日，星期日），「我有一個夢」來到瑞芳區義方國小，連要進入校門前的那一段曲折山路，都令人彷彿回到爽文。因為感覺回到爽文，所以信手拈來都是熟悉的故事——明明是義方的、瓜山的、菁桐的、濂洞的故事，卻又像是爽文的。

從板橋出發，車行約莫三十分鐘，天空就突然陰鬱了起來，雨絲點點，翻飛在模糊的遠山近山之間。有那麼一剎那，悲情城市的配樂似乎響起，梁朝偉憂鬱的眉眼凝定的與我對望。

下了交流道，轉進小鎮，校長告訴我，義方國小的名稱來自校地的捐贈單位「義方商行」——一間煤礦商。某種程度，它也見證了整個九份、金瓜石的起落。是的，起落，即便悲情城市帶來了大量觀光客，但九份或者整個瑞芳讓我嗅到的，仍然是繁華過後的卸妝容顏。即便周期性的盛妝迎客，我還是頻繁的看見街角百無聊賴的發愣素顏。

但我全然接受這樣的風華過後，因為小鎮小村的樸素之中，帶有醞釀重生不可或缺的單純及不受打擾。

我是帶著敬意走進義方國小活動中心的，因為我完全可以理解，一個只有六班的偏鄉國小，十幾位老師的編制，要主辦這樣一個一百五十人的工作坊，需要多麼驚人的凝聚力。這原本只是校內邀約，但是施校長全力支持怡雯主任開放給校外教師共好共學，一百多人的一整天工作坊，需要多少前置準備作業，而這樣繁雜龐大的作業，落在一個只有六個班十多個老師的偏鄉小校。

從踏進校園的瞬間，就可以看見整個學校是如何完全動員起來，為了這麼一場偏鄉山區難得的「盛會」——我之所以厚臉皮的說我的到來是「盛會」，那完全是出於一種尊重主人的心情，因為每一個人的臉上，都藏不住情緒的告訴你——他們是多麼期待，而面對主人們的熱切與真摯相迎，你完全不能謙虛。你必須一樣熱切而真摯的回應，你必須開心的說這是盛會。這是偏鄉接地氣的主客之道，無法矯情拱手作揖你先我後行禮如儀，無法，也不需要。

是的，這樣宣告是一場盛會的心思，從校門口穿堂矗立的會場指示海報就可以清楚看見，明明穿過廊道三十秒就可以走進活動中心的啊。

會場一百五十個座位，只有邊邊角角還未坐滿，這是盛會。

從宜蘭、基隆穿山越嶺而來，這是盛會。

從土城、泰山、新莊舟車跋涉而來，這是盛會。

盛會，或者你說這是大拜拜，一點關係都沒有的。總鋪師——今日主廚阿忠師——

渾身解數炸爊熬煎之後真心出菜，山裡海濱盛裝赴宴的各桌舊識同好，滿心誠意的享受每一道手路菜，懷抱著感恩與謝意，在每一次夾筷動碗時，用心嚼食細細品嘗。

咱們庄腳人辦桌，沒有心思空閒在乎是不是大拜拜。主客用心款待真心享用，歡喜都來不及了，是不？

遠從基隆而來選擇就讀義方的家長會長端上自家私藏桂花釀，生病失聲的她，哽咽鞠躬感謝我願意來。更深山的牡丹國小主任，已經在偏鄉十九年就要屆齡退休，我輕擁著他，笑說：「我大你一屆，我在爽文第二十年。」福隆海邊的校長，帶著校內主任整天參與講座與實座。淡水天生國小主任揪團共乘，滿滿三桌校內夥伴，他們都已經在校內時即實施MAPS，期待獲得突破瓶頸的眉角。義方國小的老師團隊，包含校長，除了必要的行政工作，幾乎全程參與課程，你知道，如果只是無奈的配合學校假日加班辦理研習，不會是這樣的。瑞芳高工校長是我四年前舊識，特意帶了咖啡來，跟現場學區夥伴加油。金瓜石的瓜山國小、水濂洞的濂洞國小、吳念真的侯硐國小……一個又一個有味道的地名，一個又一個的偏鄉夥伴，就這樣蹦出來站在我面前，跟我說著和我一樣在偏鄉這麼多年的困境與感動，無力與不捨。

我知道我們都會堅持下去，在國教環境還沒有完全公平對待你我眼前的孩子的時候，我們都堅持如昔，一如過去的三年、五年、十年，或者二十年。

一位年輕面孔堅定的述說她留在偏鄉的心路歷程，她去年終於考上正式教師，志願分發到這裡。她說她是高雄人，她看了我的書，更堅定了她想留在偏鄉陪伴孩子的心，但是，她流著淚，說：「可是這樣我就離家好遠了。」

她說我的書是支持她堅持下去的力量，但是影響她生命的是她的國中老師，因為她的老師帶領她閱讀，讓她看見這個世界，認識了自己存在的價值。她說，她永遠忘不了她的國中國文老師帶著大家一起閱讀的課堂畫面。

尹歆（「夢一」國中國文講師群之一），她是你的學生，她是你影響的無數生命之一。

下午的實作到了尾聲，我逐桌坐進夥伴身邊，討論心智繪圖、提問策略、合作學習技巧等，拍照、簽名，像總鋪師最後逐桌向好朋友們致意，確認菜色是否讓大家滿意。

最後，我分享了「我有一個夢——夢二」的訊息，並且承諾，如果機緣可以，我們來促成真正的「我有一個夢——瑞芳版」。我說：「我相信我的兄弟夥伴們都會相挺的。」

最後的最後，我們一起合照。天高地遠，斜風細雨讓遠山近水蒼茫了起來，提醒大家路上平安。會長還在，校長們也都在，沒有人離開，彷彿早上剛開席的畫面，大家都還在。

回程從風雨中逐漸離開，遠方的路一望無際，但陽光從雲層奮力灑落，暖暖的，一如剛剛的瑞芳，還有盛會中的夥伴。

邀約的主辦者義方國小怡雯主任在我離開之後傳來訊息，她說：「我好想哭，我終於可以為瑞芳的老師和孩子做一點事。」

怡雯，我跟你說：你做了很了不起的事。

夢在南投

後來我跟夢的講師群們五月去了澎湖，七月去了員林、八月去了南投與彰化。其中南投版的促成，讓我最為感動。因為我在南投服務超過二十年，這是我落腳的土地，我清楚知道在這片土地上努力的教師夥伴們多麼辛苦，在官方資源不足及多數家庭支持低落的情況之下，我跟我的南投夥伴們需要更多的堅持，才能讓這片土地上的種子能夠開花。

南投版的促成，源自於草屯國中黃美玲校長的提議，後來草屯商工黃方伯教務主任的支援，讓這個夢終於有機會在我身處的縣市萌芽，我的紀錄如下：

這幾年，很少有機會在自己服務的縣市分享，但每一次的感覺都很棒。上週在草屯商工的這一次，格外令人感動，除了參與的老師們所展現出來的積極學習態度，會後跟草商校內幾個熱血老師的對話與商討，讓我也跟著熱血起來。

二十年前認識的朋友，如今已是草商的教務主任。因為他曾經在國中服務過，所以深知中小學現場因為是未經揀選過的常態班級，所以學生學習表現高低落差極大實屬必然。對高中職老師而言，這種班級組成從PR8到PR88的狀況，是過去未曾面對的艱鉅挑戰。我常回應高中職老師說：這不叫做程度變差了，而是range變大了。

雖然這種大範圍的range，是中小學老師每一天每一年都要面對的常態，但高中職老師面對的是年紀更大、自主意識更強、更不好騙（噗哧）或積習更久（咳）的孩子，我們各自有不同的艱鉅挑戰。

教務主任說：「去年我們去了中山女中觀課，但回來後，面對PR只有中山女高一半的孩子，老師不由自主的沮喪了起來。」

我說：「沮喪的原因跟中山女高沒有關係，跟學思達沒有關係，跟老師們有沒有務實的面對問題、積極的想辦法處理學習動機以及基本閱讀能力有關。面對學習優勢者，老師要努力的是帶孩子『從好到更好』，但面對諸如草商或者爽中這樣的孩子，當然必須先處理『從不會到會，從不願意到願意』的問題。如果會了、願意了，那麼好到更好就會以不同的樣貌在不同的學科、不同的班級、不同的年段、不同的區域發生。」

教務主任非常認同我的想法，但我知道，以他的立場，要跟校內老師傳達這樣的訊息是為難的，所以今天我在研習時說的這些話，他很開心。他看見老師的臉上出現了想要立刻著手的表情。

因為這樣的對話，我很痛苦的破了戒——不再答應演講邀約的戒。

下個月他們會來MAPS課堂觀課議課，然後五月在校內進行小型工作坊。

教務主任說：「那除了國文之外，其他科呢？」
於是我說了「我有一個夢」。
教務主任眼睛瞬間亮了起來，並且馬上做出決定：八月二十三、二十四日的「我有一個夢南投版」，高中職不會缺席。
經費由草商處理，講師我來邀請，課程由講師規劃，場地請草中一起處理。
換句話說，「我有一個夢南投版」將會是國小國中到高中職十二年一貫的版本。
這真是令人興奮與感動。
這個十二年一貫的夢，要謝謝草屯國中美玲校長（其實我們是多年舊識，當年我的書剛出版時，她還買給全校老師一人一本）的熱心奔走，處理場地及行政問題。國中小組的部分，也有部分經費可以由公家支出，高中職組的經費，就謝謝草商黃主任的協助。至於不足的部分，吃可以吃我的，睡可以睡我的——呃，我的家長是開民宿的啦！還沒有著落的基本鐘點及交通食宿，我會想辦法，因為我期待這一天，很久很久了。

夢在桃園

「夢一」之後的各縣市遍灑種子，在二〇一六年十月的桃園版完成了階段性的任務。這是一個重要的里程碑，因為「我有一個夢」成功獲得了縣市輔導團的信任與支持。在過去一、兩年，夢曾經被中央或縣市輔導團質疑過，這些優秀的輔導團前輩們一度認為：「我有一個夢」是因為否定輔導團的功能而號召的。

即便我多次在個人臉書及「我有一個夢」的大會上公開說明：「我有一個夢」，有部分目的是為了提供某些身處輔導團功能低落縣市的老師獲得支持力量的管道與平台，但夢的一開始，的確是被部分輔導團的先進前輩質疑的。

我清楚知道，有許多縣市輔導團非常具有能量，在教材教法上，提供了所屬縣市的老師們強而有力的教學支援。不過就我觀察，這多半集中在某些大都市，比如六都。除了六都之外，特別是窮縣，輔導團往往只能勉力完成上級交付的教育政策推廣工作或業務。

這些輔導團的成員，甚至多半是已不在教學現場的主任或校長。我們感謝這些校長主任願意承擔教育工作當中最令人困擾的業務事項，但別忘記，輔導團原本的初衷是為了教學專業領導與輔導，如果不能發揮這些功能，那教師現場的支持系統要依靠誰？特別是小校的許多教學領域根本只有一或兩個任課老師，他們無法在校內的教學領域研究會獲得教學上的專業支持，只能仰賴縣市國教輔導團的協助，而如果國教輔導團無法給予這些他們需要的協助，這些小校的孩子又如何能得到公平而專業的教學對待？

更別提有許多小校的教學領域是沒有專業師資的。我說的是因為沒有師資，所以不夠專業。這種狀況在藝文領域、綜合領域及健體領域特別明顯。爽中的藝文領域因為教師編制員額的關係，從來沒有師資空間，所以二十年前就只能拜託校內教師配課兼任。當然，後來我們透過外聘藝術家的方式暫時獲得解決，但並不是所有偏鄉小校都是這麼做的。非專長教師授課的狀況一直就是偏鄉小校的無奈，而這些願意協助的老師，更需要國教輔導團給予專業上的協助，不是嗎？

「我有一個夢」的目的之一，就是希望能給這些失去教學支持的老師們另一個可以獲得支持的管道與平台，讓老師們彼此認識，進而組成社群，互相在專業與熱情上扶持前進。

如果，這些獲得能量的老師們能夠進入輔導團，讓所屬縣市的輔導團能夠活化起來，發揮應有的教學專業領導與輔導功能，那才是「我有一個夢」樂見的事。

經過將近一年的耕耘與運作，桃園版讓我們看見欣喜的成果：由桃園市國中國文輔導團主導促成「我有一個夢」在桃園，同時獲得多數輔導團成員的支持與合作。這是「我有一個夢」的一大進展，我的紀錄如下：

先說感謝。

由衷感謝桃園市教育局全力支持經費；充裕的資源，讓講師及學員都能享有優質的學習環境。由衷感謝桃園市國教輔導團；研習的教室裡，看見了不同領域的輔導員參與學習或協助課堂行政，對講師及學員來說，都是莫大的鼓舞。由衷感謝六和高中宋校長所領導的行政團隊，提供並支援最好的研習場地及設備，不輸中正大學的學習環境及支援心意，讓講師及學員無比幸福。由衷感謝「我有一個夢」的講師群們，我們是一個軟性組織，不需要繳黨費或會費，更沒有拉幫結派。我們以義相合，因愛而來，不需要另外命名。我們共同的名字是老師。會場有位長官詢問，是否要透過我，才能邀請這些夢的講師?不需要的，我們每一個講師都因為諸多人不同的支持而能走到今天，當然都應該承擔更多的教育社會責任（ESR），共同營造一個更好的教育環境。每一個講師都樂意也應該貢獻所能，拼築台灣更好的教育夢。

最要感謝的，是謝益修校長所帶領的仁美國中行政團隊及國中國文領域輔導團，統籌辦理了所有十領域班別的前置行政事項，執行服務了研習兩天的所有行政支援事務。已經退休的月嬌老師——江月嬌，一肩扛起行政流程的作業程序，溫婉而從容的應對所有瑣碎細節，還有中壢國中周慧怡主任調處協助。沒有謝校長、林主任、月嬌老師及慧怡主任（中壢林志玲），沒有「我有一個夢在桃園」。

再說感動。

這兩天在桃園，十個班別、三百位左右的各領域老師的學習風景，是最令人感動的畫面。

上班五天，不論是身兼導師處理班務、兼任行政應付業務，或者專任教學忙於課務，老師的一週日常，就是在這五天完全燃燒。

但是結束了五天的圓轉未止之後，還願意舟車勞頓、不遠千里或竹杖芒鞋輕勝馬的投入週末兩個整天共十二小時的學習，這是多麼令人佩服的敬業精神——學習的目的，不就是為了讓教室裡的孩子可以得到好的教學對待？

謝謝桃園的夥伴願意信任夢的團隊，讓我們有機會可以跟來自於桃園以及桃園以外的你們一起共學共好。

不要擔心沒有夥伴所以不敢上路，只要你勇敢上路，就會發現身邊都是夥伴。

這兩天，感動桃園；離開之後，敢動桃園。

最後是感想。

我們非常樂意也期盼跟各縣市輔導團合作，共同服務協助支持我們的教師夥伴。這一次，在桃園，光是一個領域輔導團所有成員的全力投入，就已經成就這樣美好的研習經驗，如果是所有領域的團員夥伴的投入，那會是怎樣倍數的美好呢？如果教育局業務主管能夠統籌規劃所有輔導團的行政分工，那又會是多巨大的美好呢？

我無法也沒有資格要求各縣市教師專業成長業務主管長官一定要支持「我有一個夢」。我只是希望，只是希望，如果一定要核銷的經費，一定要執行的業務，一定要提供的服務，「我有一個夢」的所有成員，非常願意成為各縣市考慮的一個選項，我們也有信心，「我有一個夢」可以提供滿足現場教師的教學成長需求。

研習訊息能否更早更全面的傳達，一直都是一個令人疑惑的關鍵因素。公文系統或者收發公文的落實傳達，似乎是無解的謎？「我有一個夢」堅持不以由上而下的行政命令指派老師參加研習，但讓老師知道「我有一個夢」的訊息，是無庸置疑的必要權利。

我想，接下來的縣市版本，我會尋求三大中小學教科書出版社的協助，不涉及商業色彩的將「我有一個夢」的研習資訊傳達給每一個學校的組長、領召及老師，讓來自民間的業者一起參與這個「我有一個夢」所堅持的由下而上價值，提供所有夥伴知的權利，讓夥伴自己決定參與的意願。

感謝所有成就「我有一個夢」在桃園的貴人，感動所有參與其中一起學習的現場夥伴，至於我的感想，我會盡力實現。

下一場，雲林版，我們一起圓一個夢。

與中央與縣市國教輔導團進行課程與師資合作，請縣市教育局主導行政業務工作，這就是夢的最理想狀態，我們在桃園版獲得了美好的經驗，也建構了未來的夢的願景。我在這篇紀錄中昭告的「我有一個夢雲林版」，原本是二〇一七年一月的重頭戲，卻因緣際會的成就了「我有一個夢」的下一階段藍圖。

「夢一回娘家」

「我有一個夢」的促成與實踐，的確提供了很多偏鄉老師精神上與專業上的支持。我經常從臉書或信件收到許多因為參與了夢而有了願意堅持的勇氣的訊息。比如說這篇紀錄：

前幾週，一位在梨山中小學任教的新進教師寫了一張卡片給我。

信裡提到，在還未考上正式教師，代理代課流浪的那幾年，幾度想要放棄，是我的書讓她願意繼續堅持（呵呵，這幾年，我似乎這樣害了不少人心裡糾結不開……逃～）。去年，她終於考上正式教師，並且來到偏鄉中的偏鄉——梨山中小學。

她說，她懷抱著與我一樣的心情而去，希望能帶給偏鄉弱勢的孩子一個公平而專業的受教機會。

偏遠山區的第一年就要過去了，我在她寫給我的信裡看見了掙扎、無力、挫折、迷惘、沮喪，卻又讀出更多的不甘願放棄。

於是我決定動筆，針對她提出的三個大難題，寄上來自山中大叔的能量。

※　※　※

沒有家庭支持？這是常態啊！

不要在偏鄉預期會有家庭支持力量協助輔助你的教學，這是不對的！相反的，沒有家長的介入，整個課堂由你主宰，空間多大啊！

沒有資深前輩或者教學同儕可以在教學專業領域互相扶持？這也是常態啊！

偏鄉編制本來就不足，國小英語老師常常得一個人負責全校的教學，多棒啊！沒有前輩的過多關心（指指點點啦！），也不會有同一領域教學進度或方式不同步的問題，整個課堂空間有夠大的啊！更何況，網路社群的蓬勃，可以相互扶持的夥伴到處都有喔！「夢一」的夥伴就是你最堅強的後盾。

沒有學習動機的學生讓你無法期待回家功課會完成？這更是常態啊！

在課堂裡學會學習，課堂外的一切形式學習才會發生啊！同時，沒有自以為什麼都會的學生嫌棄你一個菜鳥老師不會教。對偏鄉孩子而言，你一點點用心，對他們都是大大的驚喜啊！我完完全全羨慕起你教學空間的宇宙無敵大了！

不要預期你會得到所有完美教學應該要有的協助才上路。當你上路，教學才也可能完美，即便沒有協助。不要等待你會得到夥伴的扶持才要上路，當你上路，就會在路上遇到夥伴。

不要常常抬頭看著遠方感覺孤單沮喪。低下頭，看著你眼前的孩子，那才是你之所以來，之所以存在，之所以留下來的原因。

不管留多久，不管去到哪裡，不要怕孩子問你：「老師，你會不會回來？」你只要跟孩子說：「在的每一天，我都會全心全意，專業而公平的對待你。」

※　※　※

這幾天，我收到她的臉書訊息。她說：「我參加了『夢一』，得了許多夥伴的支持。現在，我透過線上的教學社群，讓我明白我該怎麼做了。我會繼續加油，不管留下來多久。」

加油，我偏鄉的夥伴們！

老師的快樂如此簡單

這就是「我有一個夢」的意義啊！

因為參與了「我有一個夢」，所以有了夥伴的支持；透過線上教學社群的繼續扶持，讓精神與專業都能互得力量，這樣的情況在「夢一」之前就已在台灣的教學現場萌芽，但「夢一」的確更大量、更全面的促成了線上教學社群的蓬勃發展，這讓我原本設定的策略——每年暑假的集中式工作坊（workshop）提供老師學習的平台，學期中的線上支持網（network）保持與維繫教師在現場的溫度——可以順利的進入第三個部分：

課堂實踐分享（seminar）。

我在網路上說明了這樣的構想：

昨天一直到放學為止，我都沒有聽見我班上的孩子跟我說「教師節快樂！」也沒有卡片，更沒有什麼精心安排的活動。

啊不是教師節嗎？在學生都放學回家之後，我突然這樣想起。

但是一整天，或者這一整週，又或者這麼長的一段時間以來，我覺得大部分的時間我都是非常快樂的，為什麼呢？

晚上照慣例整理課堂紀錄的影像時，突然看見讓我快樂的原因。

一個會讓身為老師的我們快樂的原因。

當教與學產生共鳴，當問與答有了流動，當教室不再只是存在著單向的給予，而有了更多師與生、生與生、師與師的多向對話，老師的快樂如此簡單，如此無與倫比。

「夢一」之後，這樣聚焦在學習的課堂風景愈來愈多了。

這樣的風景透過更多更多不間斷的文字，在網路教學社群傳遞著感動。

- 下課時，學藝拿著教室日誌來給我簽，他突然發現自己誤寫成兩節國文課，小聲的說了一句讓我很感動的話：「因為國文課很好玩。」（心頭暖暖der～）
- 五年級的孩子在製作心智圖時，表現出來的正好反映出他對文本的了解程度，也正好是老師切入補救教學的點。學生的互動也是我所重視的。台上台下相互提問，互相激盪出智慧的火花，猶如在西藏佛教的辯經一樣，孩子所得似乎更多。

- 這次討論〈愛蓮說〉翻譯的時候，採用了「夢一」時政忠學長翻譯大作戰的方式，結果學生反映超熱烈的，熱烈到拒絕我喊下課和結束。在通暢度都有近九成，少部分細節卡住，經由提醒也都可修正。真的，給學生機會，他們其實可以表現得很棒。
- 一〇四年九月八日正式開始MAPS操作！YA！給任教二十年、始終嘗新求變的自己歡呼！
- 今天是小組第一次共做心智圖，開始看到提問引導的成效了。更重要的是，孩子們終於屁股離開椅子，共同討論產出了……雖然才剛踏進一點，未來的路還很長，但這樣好的開始，讓我更確定，繼續做就對了。:)
- 我想我不是被動者，我是深深被觸動，所以我又開始努力打破框架。以前，我是被學生喜歡的老師，但是我很希望自己不只是這樣，我希望知道自己到底有沒有給他們一些能力，而不只是美好的回憶。
- 如果沒有觀過這堂課，我很難想像何謂課本理論上說的教師角色是一個「引導者」，什麼又是「讓學生成為學習的主人」？從「師教什麼」到「師能怎麼教」，從「學生該學什麼」到「學生怎麼學和學到了什麼」，時代在變，教育也在變。面對給學生進階思索的問題，政忠主任從不給唯一的標準答案，而面對觀課老師們的問題，主任也只是笑笑告訴我們一個觀念：和學生一樣，答案一直都在每個人身上。教學，老師在教，學生在學，生從師學，生也從生學，而師亦從生學。

這些只是在MAPS教學社群裡的諸多對話之一，我們還看見了數學咖啡館生氣蓬勃的互助共好，更看見了自然領域社群不斷分享出來的多元豐富教材教法，看見了扶堂主任、健豐老師以及宜岑老師等各組領域召集講師團隊南來北往的社群聚會。

我們看見了在「夢一」結束之後，沒有結束的夥伴分享以及實踐。

是的，課堂實踐與分享。這就是我們希望看見的「夢一」效應，希望看見的教學現場質變與量變。

那麼，「夢二」呢？

前些天，在經過充分的對話與討論，並且參考了許多「夢一」參與夥伴的建議與回饋之後，我們勾勒出了「夢二」之前與之後的藍圖。

一〇五年一月三十一日及二月一日，寒假中，我們將進行「夢一回娘家」小聚。

因為寒假無法克服住宿的問題（大學生的住宿是以一學年為單位的），同時也希望傳遞「分享與凝聚」以及「保溫與擴散」的信念，所以規劃了這樣的安排。

一月三十一日（週日），組別：國中國文／國小國文／國中自然／國小自然。

二月一日（週一），組別：國中數學／國小數學／國中英文／國小英文／國中小社會。

各組開放報名人數等日後正式計畫出爐公布，報名方式預計採取兩階段。第一階段：「夢一」學員揪團三人享早鳥專案；第二階段：開放所有教師報名，不限偏鄉，不限「夢一」學員。

各組報名資格由各組召集人規劃，可先注意各組召集人網路社群資訊（數學咖啡館已經規劃並公布了喔），正式計畫會統整各組資訊公開發布。

兩日的流程相同，規劃如下：

九點至十一點：「夢一」學員課堂實踐分享（分組進行）。

十一點至十三點：「夢一」各組學員帶開用餐小聚（形式不拘，國中國文組初步規劃講師分享課堂實踐的ＱＡ，數咖則是教學技巧分享等）。

十三點至十五點：各組集中大禮堂，進行「夢一」講師畢業典禮，「夢二」講師群介紹，「夢二」形式說明，夢三之後的願景及具體實踐方式說明，教唱夢之歌（噗哧……）。

不提供住宿，可以連續報名兩日活動，提供高鐵／台鐵／中正大學接駁。開設其他

「夢一」的大合照

組別規劃於「夢二」（暑假）提供與實施。

至於「夢二」，確定於明年（二〇一六）暑假辦理，初步規劃如下：

1.仍然會是一個集中式的工作坊。

2.各組至少會是二天半的研習。

3.會規劃研習之前的線上課程。

4.「夢二」講師群至少會有二次的集中式工作坊，規劃整體的課程。

這張照片一直令我感動的原因，不是因為人數，不是因為壯觀，更不是因為大拜拜，而是因為在「夢一」之後，我們看見了許多預期的或者預期之外的改變，已經發生或者正在發生。

先談教學，再談教育；先給支持，再談改變。

我們看見許許多多的夥伴，針對讓我們在教學現場不快樂的原因發出聲音，包括行政，包括編制，包括師培，包括教學專業領導，包括教育政策與制度。

這些聲音有些很早就已經喊得震天，有些則是陸續浮上檯面。這些聲音出現的歷史或淵源或許不那麼重要，重要的是：愈來愈多人願意勇敢發聲，驅使決策者必須聽見，然後讓聲音之後的建議與要求，落實成為改變的政策。

我們感謝諸多教育前輩的篳路藍縷，也感謝許多夥伴願意加入。

我們期待改變成真，希望夢想實踐。

是的，這是二〇一六年六月你們在我的臉書上給我的勇氣。這些勇氣來自台灣各地，不論城市或鄉村，不論山裡或岸邊，不論離島或海外，你們的站出來，讓我和「夢一」講師團隊成員們有勇氣站上台，為你們提供我們的真心與所學。

當然，也包括讓我有勇氣站上台，唱出那令人難忘的「莫忘初衷」。

請大家用力分享轉貼，開始揪團排假，準備倒數報名。我們，寒假見！

老師得到力量，學生得到希望

結果，「夢一回娘家」吸引了比「夢一」還多的老師參加，超過二千二百個老師報名來到了這個以課堂實踐分享為主軸的盛會。十二個分組班別，超過一百個課堂實踐家上台，分享過去這半年在離開了「夢一」之後，他們的課堂實踐歷程，或者笑或者哭，或者成功、或者挫折，或者參採操作、或者調整實驗。我們看見了更多更多起身而行的夥伴，真正的落實了由下而上的課堂實踐。不論是什麼教學法，不論是何家何派，我們眼中只有課堂、只有孩子、只有教學，而，這就是夢的精神實踐：Teachers get support, kids get hope.

我做了紀錄，為「夢一回娘家」注解，也為「夢二」的開展預告：

昨晨，在中正大學校門對面巧遇嘉田老師。他是一位國小老師，借調到嘉義縣網中心服務，這一年來「我有一個夢」的所有報名作業系統，都是由他和另一位幕後功臣明動老師負責的。大家可以想見，處理來自全台灣中小學夥伴的報名需求有多複雜，但是他們就是默默的想辦法處理所有可預見的或突發的狀況。

他看見我第一句話就說：「過去這一週，嘉義幾乎天天下雨，我們擔心死了，但今早竟然放晴了。是不是你的能量太強？」

我說：「應該全台灣這麼多老師的能量匯聚而成的念力吧！」

進了校門，停了車，沿著長長的上坡道，往「夢一回娘家」的報到處前進。沿路有許多帶著微笑的臉孔望著我，我們就這樣走著，走在林蔭之下，走在清新的空氣之中，走在微笑不語的氛圍中。

我抬起頭，開始跟幾個老師打招呼。

「嘿，子欣老師，謝謝你一直在臉書社群（自然領域）分享你的教學。」

他驚訝地看著我：「老師，你認得我啊！」

「認得啊，這麼熱情分享的老師，令人印象深刻啊！」

他開始熱切地說著他的學校的改變，驕傲於自己的學校夥伴的變化。

我聽著，心暖暖的。

轉了一個彎，遠遠的就看見一座大棚子。原來，中正大學已經處理了報到處的雨天備案。

報到，簽名，領資料，開始迎接來自台灣各地的夥伴。

一位馬祖東引的英文老師說，他是因為我、因為安婷（TFT），辭去工程師的工作，報考代理教師去到了東引。

他說，這半年來，他看見偏鄉的真實樣貌，遠比他想像中的辛苦。

他稚氣年輕的臉龐，看得出來有一些失落有一些無力。

我拍著他的肩膀，跟他說：「加油，希望你可以在這裡找到勇氣與方法。在教育環境改變之前，努力讓自己有能力改變課堂的教學。」

轉個身，我看見七美國中的憶如校長。我驚訝的摟著她，問她：「你怎麼來了？」

去年暑假「夢一」之後，憶如校長確診了罕見疾病，這半年，她在高雄與澎湖間往返，在醫院和學校之間不停來去。她必須開刀接受治療，但她從沒有丟下學校的經營。

我摟著她，說：「你還好嗎？」

她說：「可以的，已經做了可以做的處理，目前體力及狀況還行，所以我來了。我老公擔心我的身體，我說這裡有一堆夥伴會照顧我。」

我摟著她，跟她說：「加油，你是被上天挑選的，請保重，要加油。」

她走入人群，我看著天，遠方的山頭清朗無比。

一位年輕女老師走近我，她說：「老師，我來了。」

我輕輕問她：「家裡還好嗎？」

前幾天，這位老師訊息我。她說，因為家裡經濟已經糟到不行，她只好忍痛放棄這兩天的進修學習。她說她只是個代理老師，還未考上正式教師，去年的「夢一」讓她成長很大，原本希望今年的回娘家可以繼續充電，所以兩天都報了名，但家裡已經連吃飯都有問題，只好忍痛割捨跟我抱歉。

我回她訊息：「你來，我幫你處理交通費，等你考上請我吃飯或者還我錢，都好。你加油，用任何可以讓自己更好的方式加油。」

今天她出現了。她說：「老師，我後來決定要來，因為我的幾個夥伴鼓勵我，並且幫我處理了車資，所以我來了。」

我說：「好，那等你考上，換我請你吃飯，請務必加油，好好學習。」

這美好的兩天，就是這樣開始的。

我看見了比「夢一」更多的老師報名了回娘家，看見了超過一半的新朋友是沒有參與「夢一」的，看見了每個領域分享的課堂實踐家動人無比的分享，看見了每個領域的組內小聚時間，講師們運用各種資源讓回娘家的夥伴充電增能，看見了在身旁穿梭而過的每張臉龐，都像一早遇見那些笑容一樣，默默無語，但會心而神合。

我要再次謝謝支持我們圓夢的教育部長官，謝謝你們提供了我們需要的一切資源。

我要再次謝謝協助我們建構這個夢的中正大學行政團隊，特別是師培中心永豐老師帶領的工作團隊，包括嘉田老師和明勳老師，讓夥伴們可以在這樣妥適的安排裡，認真不受干擾的學習。

我更要謝謝所有「夢一」的講師們，謝謝你們願意在忙碌的公務私事之間，另外找出空檔，規劃設計執行課程，並且透過網路社群或者實體工作坊，在過去的這段日子裡，陪伴扶持夢的夥伴們。這兩天出席的「夢一」講師們，我應該都親自的一一說過謝謝了，未能出席的世昌老師、明亮老師、定威老師等，謝謝你們對於「夢一」的支持與貢獻，也感恩你們繼續用自己的方式在台灣不同的角落繼續幫助夥伴們。

也要謝謝「夢二」加入的夥伴們，恩慈校長，莞如老師，美玉老師，遠芬老師，維民老師，老蘇老師，崇建老師以及各自帶領的講師團隊。謝謝你們，期待你們「夢二」帶給夥伴們精采的課程。

關於未來，我還要跟夢的講師夥伴以及後勤團隊討論，但我目前的想法是：「我有一個夢」的終極願景是每年暑假或寒假，就要像今年寒假的回娘家形式一樣：課堂實踐家分享，組內小聚增能充電，大會師凝聚激勵（築夢一八〇以及唱歌……哈哈）。至於暑假集中式工作坊，要落實成為每年學期中各地自主辦理工作坊，夢的講師群由主持到支持，由講師到輔導，讓各地在地的老師逐漸成為講師。這個形式已經發生在去年十二月的花蓮，今年的四月或五月會在澎湖，十月會在桃園。我們希望看見更多的遍地開花，只有在地深耕，改變才會真正落地發生。

我的耳機裡，仍然縈繞著夢的歌，那首我為了夢而作詞作曲但我老是唱不好的歌——〈莫忘初衷〉。我需要有更多人會唱，然後陪我一起唱，我相信我會唱得更好。

離開的時候，手機傳來嘉田老師的訊息：「散場後，中正開始飄雨了。」

夥伴們，咱們暑假見。

「夢二」——來自山海與山海之外的改變能量

然後就是「夢二」了。

「我有一個夢」的節奏按照著我預訂的進程進入了第二年。我們希望在第三年結束的時候，看見更大範圍的影響，可以往夢的下一階段前進，也就是全國集中式工作坊變成台灣分區辦理，這樣才能逐漸再轉型為分區的課堂實踐分享，讓社群備課成為各校各學區各鄉各縣市的一種日常。

出乎我們預料的是，短短兩年，我們看見了超越我們預期的影響力，「夢二」開放網路報名三個小時內，就超過了五千個報名人次。

我們看見了夢的渲染力與號召力，不過，我願意再說一次：這條路上，我不是先行者。有更多的前輩已經上路多年，國教輔導團、自主工作坊、噗浪等，不勝枚舉的先行者給了我方向，讓我可以把這個夢盡可能的做得完整。這些先行者，有許多人都不吝加入了「我有一個夢」，給我意見，給我力量。除此之外，「夢一」也有很多優秀的熱血而專業的夥伴受我之邀，參與其中，用他們的真心，鼓舞也扶持了許多夥伴。今年，更多一樣優秀、一樣專業、一樣熱血的夥伴，再次受我之邀，要來走完「我有一個夢」暑假workshop的最後一哩路。

最後，報名截止時，我們看見了一萬四千人次的報名數字。這是一個多麼令人感動的正向心念的集合？

你看見了台灣教育現場這麼多年來，匯聚四方力量而成的翻轉渴望了嗎？你看見這樣一股來自山來自海來自山海之外，由下而上的改變能量嗎？

五天的「夢二」結束之後，我寫下了這一個階段性目標的結語：

首先是感謝。

謝謝教育部長官們的支持，提供可能的所有行政資源，放手讓我們可以實現一個由下而上的夢，一個自主成長專業社群的夢，一個彼此扶持的夢，謝謝你們。

謝謝中正大學的支持，從校長到大禮堂的管理員，在行政庶務上盡力滿足研習的需求。兩年來，你們讓參與的老師們看見了一個有效能的行政團隊，感受到了一群有禮熱情貼心純樸善良的大學生及研究生。曾有長官說：有這樣的場地承辦這樣大型研習的大學不多。但我要說：有這樣的場地可以承辦的大學應該不少，但願意接手的，就真的不多了。謝謝中正大學。

謝謝中正大學師培中心的承擔，「夢一」到「夢二」，短短兩年內，你們承擔了上萬人次的報名作業，近四千人次的住宿安排，超過六千人次的飲食處理，更別提研習教室、講義、動線、流程等的支援性工作。此外，雜七雜八的個人（老師）無厘頭或無理由的大麻煩小麻煩，我要衷心致謝，你們不僅承辦了一項研習業務，你們展現的，是承擔了台灣教育史上一個動人時刻的發生。謝謝永豐主任及子旂。

謝謝中正大學及嘉義地區報名參加擔任服務志工的大學及研究所同學，你們負責且貼心的提供了參與研習的老師一個可以專心學習的環境。能夠看見這麼純樸善良的大學生，真是令人感動，特別是許多志工都是全程參與了兩年的工作坊，這代表你們明明知道工作有多辛苦，卻仍然願意捲起袖子彎下腰來真心服務，這更令人敬佩。謝謝這一大群成就我們夢想的小天使。

謝謝「夢一」的召集人及講師群，你們在我的邀請之下，二話不說的加入了這個夢想，即便最初的夢想藍圖不甚成熟，也或者我表達的不夠清楚，但因為一個共同的信念——孩子，你們還是義無反顧的投入其中。你們都是各個領域的專家，或者說一方之主，但願意受一個山中大叔的請託，這令我在過程中時刻惶恐，擔心思慮不周，但又屢屢折服，拜倒在你們的俠氣豪情。「夢一」是個冒險而未知的起點，但因為有你們的專業與熱情，成功號召起一陣浪潮，讓更多台灣各地教育現場的夥伴，看見彼此扶持的可能，聽見處處溫柔而堅定的呼喚，遇見用生命影響生命的典範。謝謝「夢一」的召集人、講師及助教們。

謝謝「夢二」的召集人及講師群。歷經「夢一」與回娘家的旅程，你們已經感同身受在聚光燈之下迎面而來的風雨或損耗，但你們仍然願意踏上承先啟後的夢的終章，並且產出汲取「夢一」反饋之後，更貼近需求的課程內容，完整規劃後續經營社群的策略及模式。「夢二」無可避免的會跟大叔有更強的連結，但你們毫不在意的化自身之萬丈光芒，成就這個夢的點點星光。謝謝你們，「夢二」的召集人、講師與助教們。

謝謝嘉義縣網的王老師與楊老師，因為你們熟稔的網路平台專業，處理解決了龐大報名系統的運作，更協助維持了大會開幕會師以及課堂教室網路、錄影、上傳及建檔等的科技後勤工作。不論你們在「夢一」、「夢二」參與的程度深淺，你們都是不能被忘記的幕後推手。謝謝楊老師與王老師。

謝謝各縣市輔導團的支持與理解。你們的支持，來自於「夢一」許多甚至「夢二」更多團員成為了夢的講師，你們的理解造就了「夢一」之後更多的縣市版本落地實現。未來，我們需要更多的互動與合作，因為我們共同的信念，都是為了支持更多我們身邊的老師們。謝謝你們。

接著是致歉。

抱歉了，永豐老師、子旂以及中正的小天使們。從「夢一」到「夢二」，講師們某些未顧及行政作業現實的浪漫想法，常讓你們傷腦筋。有時是窗口不統一，有時是急切過頭，有時就只是浪漫，因此你們必須費盡唇舌溝通，或者邊搔頭邊盡力滿足，但更多時候是話既然出口只好好擦屁股，抱歉了。另外，許多未認真閱讀報名規則的老師，或者自我主觀意識太強，甚或視一切為理所當然的老師，才是更令人無奈的。能有這樣的資源是眾人爭取而來的幸福，但不能像個被寵壞的小孩，要什麼就要什麼，要不到就埋怨，這是幾千人的免費增能工作坊，不是一個人的家教班，更不是付費的貴賓室，可惜某些老師——不多，但有些就令人頭痛了——沒有正確而體諒的認知。雖然你們不說，但，為此，身為總召，我責無旁貸的向你們致歉。

抱歉了，未邀請你們繼續幫忙的「夢一」召集人及講師們。所有的召集人都是我決定的，無論直接或間接，既然身為總召，最終決策當然是我，因此無論如何，任何失禮或不周全，都由我個人承擔。夢的召集人選擇考慮，沒有好與不好這個選項，每個頭頭在自己領域都是獨一無二的達人專家，輪不到我來點評論斷，即便沒有我的邀請，也毫無損及這些教學專家的德望，諸如明亮師、志豪師、玉珍師、扶堂師等，這些比我耕耘更久、眼光更深遠、影響力更廣的前輩們，仍然持續以自己的步調與方式，進行著利益教育的志業。從「夢一」開始，我的考慮是：教室內學會如何學習、低科技門檻、深耕教學現場，及至「夢二」，再多加了多元參與及地域平衡等元素，不得不提：國小組國語數學講師的尋覓抉擇，實在是人才太濟濟，教學模式太多元繽紛，但，無論如何，我仍然要說，最終決策是我，所有過程中的失禮與不周，都由我承擔，這是我的功課。謝謝你們直接間接的點醒，我受教，並深深致歉。

最後是承諾。

「夢二」結束了，但夢想會在每個在地生根，並且遍地開花。沒有一個單一教學法適合台灣這麼多樣的土壤，但每一個在自己獨特土壤落地生根產出的教學法，都應該被理解而尊重。只有更多的尊重與理解，才能看見更多開枝散葉，而這樣的開枝散葉，才能層層疊疊庇蔭更多我們不同土地上的不同孩子。衷心期盼，夢的串聯是喚醒更多在地的種子萌芽，成就更多繁花盛葉的舞台。

「夢二」結束了，但支持會在每個角落繼續凝聚，網路社群、教師自主社群、讀書會、工作坊等。夢的講師群不是剛性組織，夢的講師是因為相同信念而走向一個夢，所以即便走在不同路上，但都往相同的信念而去，即便不常在一起，當各地的夢想召喚，自然會有相同信念的夥伴四面八方而來。夢的講師到處都是，無論是否曾經參與「夢一」、「夢二」，衷心期盼，有更多的扶持力量自主而起，召喚或發掘或養成更多夢的講師，一起成就這個台灣教育的大夢。

一個真心關心並付諸行動的朋友

從「夢一」到「夢二」，要感謝的人太多，我深深感受一個因義而結合的熱血之師，更深深體悟得道多助的能量。我在許多場合不只一次提到我對這些夥伴的深深謝意，但只有一位朋友，我絕少公開表達我的感謝，在這裡，我要以正式文字述說，表達

「夢二」即將落幕前，老中青三代教學工作者，攝於中正大學大禮堂舞台後。

我對這位好朋友的感謝。

這張照片拍攝於「我有一個夢——夢二」即將落幕的那一天。那一天是七月十五日，星期五，約莫四點，地點是中正大學的大禮堂舞台後方，人物是老中青三代的教學工作者。

鏡頭最前面是大叔我，兩天前在這個舞台上，面對著近三千個台灣及海外教師的手機燈海，照例的落拍走音唱著〈莫忘初衷〉，唱完之後，竟然不知道該說什麼，就噗哧傻笑一聲下了台。

最後方是均一教學平台的CEO冠緯，三、四年前放棄了可能成為名醫的機會，跳進他原本不熟悉的教學領域，試圖透過雲端科技互動平台，提供台灣所有孩子一個均等一流的自學機會。

中間的那個人是我的朋友，吳思華，曾經是我的長官，後來因為政黨輪替而離開，回到他比較擅長且熟悉的高教領域。「我有一個夢」如果沒有他的理解與力挺，大概很難有充裕的糧彈可以作戰。

思華是第一個走進爽文國中的教育部長，也是第一個進我班完整觀完兩節課的部長，比我自己服務的縣市任何長官都要早。這麼說的意思不是爽中多了不起，我的課堂多偉大，任何長官都要來親自走訪，不是。我的感受是，一個跟以往一樣出身高教的教育部長，願意試著認識中小學現場究竟發生了什麼事，試著透過親身走入及對話，更明白一些國教夥伴面臨了什麼、努力了什麼。當然，再說一次，爽中不代表所有偏鄉現場，更不縮影台灣所有中小學樣貌，我個人更不能代表所有國教夥伴，但，在我眼前，我看見的是一個將打擾降到最低、耳朵打到最開、眼睛睜到最大、嘴巴問到最細的教育最高主管，一個跟過往一樣不甚清楚基層的部長，但卻盡力試著多清楚一些，這點，頗不一樣。

兩年過去，幾多風雨，我對於思華的功過沒有評論。沒有評論就是沒有，對於不滿他處理包括課綱議題在內諸多政策的人而言，所謂的沒有評論很可能就代表沒有批判，我要再說一次：我沒有評論。我沒有跟他對話過這個議題（謎之音：我是哪個咖，還對話咧），我本人對於史觀之類的課綱議題沒有充分的客觀事實認知，也沒有認真努力投入涉獵或鑽研，基於我個人對於我自己發表評論的要求：充分了解客觀事實的全貌，再進行個人觀點闡釋。所以，我沒有評論。

純粹就我個人所知，我想表達的是：在少子化的有利條件下，國小員額編制提高了，這多少呼應了我呼籲的「以不公平的對待不公平的」。雖說這樣的調整也同時是縣市政府為了處理減班衍生的超額教師問題，但員額的確是提高了。在台灣大學願意接手業務之下，蛻變自本校「遠距視訊英語教學」的「國際學伴skype計畫」去年上路了，去年有十所、今年會有更多所中小學的孩子，每週一次可以透過視訊跟外籍大學生直接對話，看見更大的世界。觀完MAPS課堂之後，「亮點教師」計畫產出了。我的課堂全程錄影，其餘幾位優秀教學夥伴受我拜託，也每學期錄製課堂實況三個單元，希望建置一個遠距觀課平台，讓所有華人教師可以克服時空因素，知道並透過網路看見台灣開放觀課的教室，除了台北之外，還有更多貼近中小學的殊異多樣、常態組成的班級現場，親炙更多來自草根接地氣的多元有效教學法。這個計畫今年仍會持續，我又邀請另外的中小學夥伴加入錄製陣容，希望能持續擴大教學方法的多元與殊異。當然，「我有一個夢」是思華主動提出願意幫忙的，而且效率極快，短短不到三個月，從發想到實踐成真了「夢一」。

思華參與了「夢一」的開幕。這不稀奇，但他停留了一整天，參與了各組的課程，如同一位學員般的就座傾聽學習，晚上還與講師們聚餐閒談。我看見了一個真心關懷教師專業社群發展的長官與長者。

「夢二」籌辦的時候，思華已經卸任部長一職，但他仍然在「夢二」的第五天，接受我的邀請，風塵僕僕南下，並且與我走訪每一間正在進行課程的教室，逐一停留問候並與大家合照留影。

足足有十二間教室，分散在中正大學不同的系所大樓，他就這樣與我步行穿梭其中。我在每一間教室都這樣介紹思華：在職的時候來關心大家，叫做長官；卸任了之後還願意來探訪大家，那叫做朋友。

是的，思華，我們的好朋友，一個真心關心並付諸行動教學現場的好朋友。

我謹代表我有一個夢的所有夥伴，謝謝這麼一個永遠的好朋友。

「夢的N次方」——為希望而教，為台灣而教

「夢二」結束之後，我們開始滿心期待各縣市的開花結果。

我們的確看到了許多如我們預期的遍地開花，比如說二〇一六年八月的彰化版、南投版與十月的桃園版，但我們也不斷收到許多國中小教學現場夥伴傳達給我的無奈與期盼。他們也想參與「我有一個夢」，無奈囿於課務與行政業務，無法脫身；他們也想在自己的縣市學區號召「我有一個夢」的在地版本，無奈得不到縣市教育主管機關的支持與協助。

這些無奈與期盼加速催生了夢的下一個階段——「夢的N次方」。紀錄如下：

二〇一五年四月二日，我在臉書寫下「我有一個夢」，期盼號召更多偏鄉中小學老師一起參與由下而上的教師專業自主研習，我的幾個主要核心想法是：

1. 沒有一種單一教學法可以解決台灣所有的教學現場問題。
2. 中小學國教是國力，只有厚實的國力，才有多元的高教競爭力。

3.不是制度，不是環境，讓老師願意留在偏鄉繼續努力的，是孩子，是教學讓我們願意繼續留在偏鄉堅持的。

4.先談教學，再談教育；先給支持，再談改變。

你可以期待或直接參與制度或環境的改變，但我選擇的是協助目前在每一個不同教學現場的夥伴，讓他們因為夥伴的扶持，願意繼續留下堅持，不管留多久。

我的主要策略是：

1.辦理全國集中式的大型教學工作坊，邀集台灣目前教學現場一流的講師擔任各組講師，不限任何教學法，分成國中小至少十個科別分組，以二到三天的時間進行講座／實作／共備。預計花三年的時間讓這個夢被看見，也就是二〇一五年七月的「夢一」，以及二〇一六年的「夢二」。

2.辦理全國集中式的論壇，邀請參與上述大型教學工作坊的夥伴回娘家，擔任課堂實踐家進行課堂實踐經驗分享。分成國中小至少十個科別分組，以一天的時間進行，也就是二〇一六年一月的「夢一回娘家」。

3.在這三年期間，鼓勵推廣各縣市自主辦理工作坊。我會帶著夢的講師協助各地工作坊，同時發掘鼓勵更多當地的老師由參與的學員逐漸變成講師。

二〇一六年七月十三日，「夢二」大會師的舞台上，我宣布了「夢二」是最後一次全國集中式的大型工作坊，因為我已經看見更多縣市的遍地開花，也看見有許多前輩或者夥伴更積極的帶領起不同類型的工作坊深耕。

我覺得，差不多了，可以了，這個夢，就讓它遍地開花各自美麗吧！

二〇一六年八月彰化版及南投版、十月桃園版，二〇一七年一月雲林版、二月屏東版、七月彰化版等，一個又一個縣市主動的邀請呼喚辦理了縣市版本。我在每一個現場看見幾百幾百個認真投入熱切期盼改變的老師，看見了每一個參與工作坊的老師帶著疲憊但滿足的眼神離去，回到現場開始嘗試並實踐。

但我也看見了來自某些排斥辦理或者無力辦理的縣市老師，透過不同方式告訴我，他們也很想參與，很想感受被扶持的力量，特別是某些窮縣或者離島夥伴。

而，這些，不就是我們最初希望扶持的夥伴？

後來我看見了宜蘭的明柱課督，聽見了雲林的輔導團秀卿執祕，感受到了屏東縣教育處長的眼神。

他們都真心期盼夢的足跡可以去到他們的縣市。他們願意整合資源，提供鄰近縣市夥伴學習的機會與平台。

我們很開心，也積極籌畫夢的下一個階段。

但，最後來自台東某一個國小校長的願望，加速催生了我們的腳步。

校長說：「我多麼希望台東也有這樣的一個夢，我來爭取經費，大叔幫忙講師及課程，我們來號召台東的夢，好嗎？」

我知道這是一所小型國小，但校長的願力何其深廣有力，而這樣的願力背後所傳達出來的訊息，卻又何其無奈？

這不是一個國小校長可以承擔的工作分量，因此可以想見他得不到他想要也需要的行政支持。

如果，我們當初希望撼動或者鬆動的各縣市參天大樹，仍然密密麻麻擋住雨水澆灌林蔭之下土壤之上，仍然昏昏暗暗遮住陽光灑進樹帽之下石礫之間，那，我們怎能停止鬆土？

教育部的好夥伴也看見了，我的許多重要的夢的夥伴也看見了。

七月中離開了那個被手機照亮的舞台。三個月了，現在，我宣布，夢想N次方，會在台灣無限延續。

是的，夢想延續N次方，每一年每一年。

二〇一七年一月二十日—一月二十一日，主辦縣市：雲林，參與縣市：南投、彰化、嘉義、雲林。

二〇一七年三月四日—三月五日，主辦縣市：苗栗，參與縣市：桃園、新竹、台中、苗栗。

二〇一七年四月二十九日—四月三十日，主辦縣市：屏東，參與縣市：台南、高雄、屏東、台東、澎湖。

二〇一七年七月五日—七月六日，主辦縣市：宜蘭，參與縣市：花蓮、基隆、台北、新北、宜蘭。

每一場都歡迎離島夥伴參與。

主要形式：

1. 主辦縣市政府教育局處主辦行政業務，協調縣市國教輔導團承辦、參與並協同夢的講師群擔任講師。

2. 堅持一貫的課程專業自主——講師群主導。堅持一貫的由下而上參與——自由參加，鼓勵參與。

3. 講座／實作／共備／課堂實踐家分享。

4. 每一年都會辦理。

配套形式：

1. 整合「夢一」、「夢二」平台，建置包含：夢的足跡／工作坊訊息／教學資源連結／線上觀課平台／影音及文字檔案資源的永續夢的平台，開放給全華人地區。

2. 擴大夢的講師群成員，持續邀請不同教學法的現場一流講師加入，發掘並鼓勵現場素人教師擔任課堂實踐分享，讓線上教師專業社群更活絡。

是的，包括這個夢的課程總召集人，都可以也必須逐漸讓各承辦縣市的優秀老師擔任，大叔我，可以在教室跟夥伴一起學習，多好。

謝謝教育部立即呼應並全力支持夢的延續，謝謝四個承辦縣市的熱血響應，謝謝夢的講師群依然義無反顧，謝謝一路走來陪伴支持體諒並給我嚴厲指教的夥伴。

每一年的這四個分區工作坊，跟各縣市獨立自主辦理的夢的工作坊沒有衝突，我們一樣會支持並協助（譬如二〇一七年七月的彰化版）。

當然，還有這位台東校長的願望，如果條件成熟，我一定會盡力協助。

燈滅了，我下台了。夢起了，我即將如承諾般的成為扶翼的風，如同每一個點亮星光的你們一樣。

夥伴們，請記住，我們不為壯大自己而來，要為散播信念與希望而去；我們不為教學法而教，要為台灣而教。

安婷，這句話借我一用。

「夢的N次方」，為台灣而教。

夢的腳步，正式走向下一個階段

於是，「夢的N次方」正式開展，「我有一個夢」的腳步，正式走向下一個階段。

這本書記錄的時間點是二〇一七年一月，由雲林縣爭取主辦的「夢的N次方」第一場次「彰投雲嘉區」已經報名結束，超過一千一百二十位老師錄取，一月二十至一月二十一日這兩天，「夢的N次方」就要在雲林點亮更多光，照亮更多孩子的希望。

與此同時，「夢的N次方」官方網站也正式上線。做為這個夢的完整拼圖重要關鍵的一片，我撰文記錄並完整說明了「夢的N次方」的完整輪廓：

「我有一個夢」的兩大策略就是：實體工作坊，以及線上支持網。

關於實體工作坊：從二〇一五年的「夢一」、二〇一六年的「夢一回娘家」，走到二〇一六的「夢二」，這三場全國集中式工作坊有超過六千個老師熱情參與。如果包含花蓮版、澎湖版、南投版、彰化版及桃園版，這兩年參與「我有一個夢」的老師就超過了七千人次。因此，二〇一七年開始，我們要從第一階段的全國集中走向第二階段——「夢的N次方」分區工作坊。

二〇一七年第一場次即將在一月二十日至二十一日上場，這一區域包含了雲、嘉、嘉、彰、投五個縣市及所有外島區域。我們開設了二十七個班別，涵蓋了台灣教學現場所有被大家喜愛的各種教學法。目前報名人數已經突破了一千一百人，完全是自主報名。這是我對於「夢的N次方」提出的第一個宣示：自主。

光是這一區，我們所邀請的講師群就將近百人，其中有超過六成是來自於這五個縣市的在地老師，這是我提出的第二個宣示：在地。另外，近百個講師群裡，其中有將近七成是出身於這五個縣市的國教輔導團，這是我提出的第三個宣示：扶持。

第二場次（桃竹竹苗中及外島，三月四日至五日）即將開放報名。第三場次（南高屏東及外島，四月二十九日至三十日），以及第四場次（宜花北北基，七月五日至六日）也正在積極籌辦中。如果每一區都如同第一區一樣接近額滿人數，那麼，每一年，台灣都會有超過五千個老師參與「夢的N次方」。這是一股多麼巨大的能量。總有那麼一天，我們可以點亮這島群上每一盞希望的光，照亮每一個孩子的希望。

總有那麼一天。

至於線上支持網，「夢一」時，感謝中正大學電算中心以及嘉義縣網的幫忙，我們有一個臨時的網站提供大家報名及獲取官方的訊息。「夢二」結束了，這個網站也功成身退了。

現在，「夢的N次方」即將開展。既然是N次方，代表我們會一直走下去。走到分區工作坊遍地開花蔚然成林，走到集中式備課變成日常社群備課，走到「夢的N次方」變成每年一次的分區論壇，讓課堂實踐家回娘家分享，讓一年一次的相聚變成分享、凝聚、保溫、新知的教學嘉年華、教育博覽會。

在這一切發生之前，我們籌畫已久的線上支持網，會陪伴大家一路走下去。

這個線上支持網就叫：夢的N次方（http://dream.k12cc.tw/）。

這是我的第四個宣示：永續。

這個線上平台會有以下幾個功能：

1.「夢的N次方」官方訊息。

2.「夢的N次方」各場次、各區域的訊息。

3. 教育部所有教學資源網站的連結。

4. 線上所有教學社群的友善連結。

5. 教育部亮點教師的線上觀課平台（包含大叔我每日的課堂實錄上傳）。

6. 關於教學QA的互動區及集結歷史對話區。

最重要的是，我們要推出一個線上社群揪團的功能：

包括社群揪團或加入、送審、審查、核准、核銷及成果等，都希望在線上完成，成果則又成為線上教學資源的一環。

這個網站已經上線，有些功能已經開始運作，有些還在建構，歡迎大家多多關注，一起參與。

二〇一五年六月，我在教育部記者會上，在長官們意外的眼神中，怯生生的說出：我們希望打造一個亞洲華人地區最大線上備課資源平台。

目前看來，就要開始。

只是開始。我們可能連接近都還很遠，但是只要開始，接近就會發生。早或晚都沒有關係，因為我對於「夢的N次方」的最上位概念，就是：

我們不為壯大自己而來，要為散播愛與希望而去。

Teachers get support, kids get hope.

夢的N次方：自主、在地、扶持、永續，讓我們點起更多光、照亮更多孩子的希望。

參與一個夢，照亮更多孩子的希望

從「夢一」到「夢一回娘家」，從「夢二」到遍地開花，從「我有一個夢」的各地生根到「夢的N次方」，夢的夥伴遍及台灣，甚至吸引了馬來西亞、香港、新加坡、大陸等亞洲華人教師的關注與參與。一路走來，要感謝的人太多，我想，就以下列這一段我在「夢的N次方」官網上的文字，注解這一場由下而上改變台灣教育現場的大夢，並向所有成就這一個夢的夥伴致敬與致謝：

我們會更記得，這是一個由下而上的教師自主教學增能工作坊，期望協助偏鄉教師學習並實踐以學生為中心的教學方法與策略。

我們會更記得，這是一個永續性的教師在地力量翻轉計畫，期望協助並支持偏鄉教師在一天是一天的投入教育希望工程。

我們會更記得，這是一個陪伴性的教師社群網絡建構系統，期望串聯並凝聚華人教師透過網路分享教學、解惑教學、激勵教學及共備教學。

我們會記得，這是一個體制內的教師突圍行動，期望聚焦並實踐「先談教學，再談教育」及「先給支持，再談改變」。

我們會更記得，這是一個溫柔而堅定的教師能量展現，期望喚起教育主管機關看見並實現「以不公平的對待不公平的」的「積極性差別待遇」。

是的，突圍。是的，溫柔而堅定的能量。

我們都身處體制當中，無法跳脫，如果我們渴望體制改變，就必須從體制內突圍。

突圍需要能量，我們選擇溫柔而堅定，溫柔而堅定才能在被看見的時候不失焦，不失焦的先被四面八方的夥伴看見，然後擴散並聚斂成能被應該看見的人看見。

渴望的改變能被不失焦的看見了，就是突圍；突圍之後，才能夠驅使體制的改變真正的實踐履行。

我們一起溫柔而堅定的突圍，一起溫柔而堅定的盯著看著驅使體制的改變真正的實踐履行。

當我們有一個夢被看見了，成真了，我們就有能量做更多的夢。

更多關於編制分級合理調整的實踐、關於教育行政業務減量整併剔除的履行、關於讓學校回歸教學專業空間的落實、關於教育行政主管機關人員的聘用來源及其專業素養的提升……等的夢。

這些夢與這次的「我們有一個夢」無關，不能也不會被誰混為一談，不能也不會為誰轉移模糊焦點，不會也不能。

但這些夢無法一個人實現，需要有更多夥伴一起來圓夢，更多有能量而且被看見的夥伴。

而即便有能量但不被看見，或者不願意被看見——包括我——那就回到各自的課堂，讓我們面對孩子，因為我們有一個夢的能量而享受公平且專業的對待，因為我們有一個夢的能量而閃耀因為愛上學習的眼光。

那，不就是你我為人師的初衷？

有能量，被看見，那就突圍驅使體制改變；有能量，不願或不被看見，那就回到課堂，讓學生的眼神閃耀，讓為人師的初衷實踐。

單純的我們有一個夢，不是嗎？

我們期待有更多海邊離島山上的夥伴加入這個夢，有更多大城小鎮鄉村都市的夥伴願意一起圓夢。

或許搭船漂過海，或許乘車穿過山，或許結伴同行，或許獨自前進。

但就讓我們一起，一起構築一個夢，參與一個夢，成就一個又一個的夢。

是的，夢的N次方，點亮每盞光，照亮更多孩子的希望。

【第五部】

夢・夥伴

他們是超越凡人的神人，為愛與教育而四方奔走，
但奔走四方之際，一見我在臉書的號召狼煙燃起，
便義無反顧的自四方而來。

這些當仁不讓的夥伴，或原本就與我相熟，
或透過夢的聚合而終於得以相識。
在我邀約加入圓夢的過程中，幾乎未曾聽到「不」字。
他們的熱血屢屢令我在電話那頭熱淚盈眶。

謝謝這群因義同行的熱血夥伴參與，
這一趟夢的旅程才會如此美好。

我有一個夢從發起、籌備到實現的過程，有許多幕前幕後竭盡心力義無反顧的夥伴，這當中最重要的助燃之力，來自於台灣中小學教學現場一流的「神人」教師。

我所謂的神人教師，並不是一種盲目造神的溢美之詞，而是他們具有「超人般精神」。除了平常各自在自己的教學場域裡深耕創新之外，課餘時間更是透過不同方式在台灣各地，甚至是亞洲華人區扶持協助教師夥伴們認識、學習及應用台灣各種創新教學法。更重要的是宣揚示範台灣教育現場的軟實力，感動點燃每一個教師內心深處的教育火種，傳遞串聯每一盞照亮孩子未來的希望之光。

他們是超越凡人的神人，為愛與教育而四方奔走。

但奔走四方之際，一見我在臉書的號召狼煙燃起，便義無反顧的自四方而來。這些當仁不讓的夥伴，或原本就與我相熟，或透過夢的聚合而終於得以相識。在我邀約加入圓夢的過程中，幾乎未曾聽到「不」字。他們的熱血屢屢令我在電話那頭熱淚盈眶。

謝謝這群因義同行的熱血夥伴參與，這一趟夢的旅程才會如此美好。為了記錄這一趟我們一起走過的旅程，我才因此願意接受出版社的邀約，將夢的起心動念、建構實現到未來願景寫下來。

這一趟圓夢築夢的旅程，因為有這些夥伴所以美好。這一段一起走過的紀錄，當然不能沒有他們的足跡。因此，大叔再次向他們發出請求，請他們寫下從「夢一」到「夢二」參與的心路歷程，以及美好感動，分別就「我有一個夢」所影響的不同層面加以記錄圓夢歷程，包含：為何願意加入一起圓夢、課堂實踐的凝聚分享、備課意識與方法、在地亮點教師的發掘與培養以及社群的建構、組織與運作。

除了記錄感動，更是實踐夢想的具體策略，誠摯分享給大家。能夠一次拜讀這麼多現場一流教師的大作，彷如夢境。相信我，我與大家一樣興奮不已。

為台灣而教，走進每一個偏鄉

陳麗雲（夢一夢二國小國語組召集人／新北市修德國小）

經常有機會在兩岸四地交流，聽過北京學生精準的口語表達，看過杭州學子豐富的文采學識，見過成都孩子旺盛的學習欲望，遇過香港學童傑出的邏輯思維……我不禁想到自己的孩子，想到自己的學生。我清清楚楚的知道：身為教師，我必須為自己而教，為孩子而教，為台灣而教！

於是，我開始有一個夢想，要用我的雙腳愛台灣，讓我的足跡遍及台灣的各個縣市，甚至是每一個鄉鎮，完成我的語文教學使命，讓我們不管是都會或是偏鄉的孩子都喜愛學習，讓每一個課堂的孩子都擁有閱讀力與自學力，培植面對未來世界的競爭力。因為，我始終相信：教育，是翻轉台灣世代的重要力量，是偏鄉脫貧的最大力量，而那個改變的力量與推手，就是——教師，希望的工程師。

有夢想，很簡單；要實現夢想，就需要力量；要讓夢想發光發亮，更需要堅毅的勇氣。曾經，我深入過很多偏鄉，在力行產業道路崎嶇扭曲的道路上，還要五十分鐘車程才能抵達的發祥國小；在美麗如仙境的山路上卻逶迤難行的梨山國中小；在東北角沒落漁村數個全校不到二十人的偏鄉小學……對已經走過全台各縣市、看過許多教學風景的我而言，我有著一個更新的體認：偏鄉與城市之別，不在於山的高度，不在海的深度，而在於人的心中！只要用心，偏鄉的孩子依然能擁有強大自學力；只要輕忽，台大旁邊都有被放棄的偏鄉孩子。

原來，教育現場所需要的，從來都不是物資，而是——人。如果我們每一位教師左肩都有熱情，右翼皆有專業，教室裡怎麼會有逃避學習的客人呢？我們的孩子怎麼會不愛學習？怎麼會不懂學習？教師，是牽起孩子迎向未來那片蔚藍晴空的推手，唯有不斷的成長、發展、超越，才能自信的牽起那一雙雙的手，微笑的成就一個個孩子，才能讓我們的孩子有足夠的勇氣與能力面對未來的世界。

聽見夢想的心跳聲

沒有天生不愛看書的孩子，也沒有天生會看書的孩子。教師的價值，就是引領孩子往學習的道路前進，當學生動起來，教學才會真正「生動」起來。於是，在政忠主任的號召之下，全台很多熱血有教育愛的教師，熱切激情的參加了「我有一個夢」系列的備課活動。

所有的夢系列，每一場都有我和我的雲團隊夥伴實際參與的足跡！從「夢一」的初初萌芽，到「夢一回娘家」的開枝茁壯，再至「夢二」的花繁葉茂，看見來自山、來自海，來自山海之外的數千位老師，眼神亮閃閃的齊聚一堂共同備課，共同為精實課堂而專注投入，共同為教好孩子而努力不懈，共同努力的翻閱文本思考教法。那一刻，我結結實實的聽見——夢想的心跳聲，我們真真實實的實現——為台灣而教！

有些事，不做不會怎麼樣；做了，會很不一樣！我打從心底佩服政忠主任的「勇氣」——他願意勇敢且堅毅的承擔這不可能的任務：在暑假裡把各地的老師聚集起來共同備課，這是多麼艱鉅的任務啊！但是，這又是多麼重要又偉大的事情啊！我一向只是用自己小小的步履在夢想的道路上慢慢行走著，而政忠主任卻以大大的跨步豪情，召喚著眾人攜手完成夢想拼圖。

用專業拾回教師尊嚴

當「祈願偏鄉，夢想飛揚」的聲音澎拜激昂的迴盪在中正大學的大禮堂時，我們的前後左右，身邊滿溢的微笑都是熱情的鼓舞與陪伴，能支撐我們回到平凡的課堂，繼續帶著溫度與熱度堅持往正確的方向前進。然而，我很清楚的知道，那夢系列活動的背後，其實有多複雜、多龐大、多鉅細靡遺的事務需要耐心的完成。如果不是以愛為名，怎麼會願意付出心力當這樣辛苦疲憊的傻子，義無反顧一肩攬起這一切？

因為佩服，因為使命，我也義無反顧的帶著我雲團隊的講師和助教們，參與夢系列每一次的教育希望工程，和數千位老師往課堂幸福方向邁進。活動過程中，雖然穿著步鞋，但是跑來跑去，跑上跑下，腿快斷了，嗓快啞了，第一次發現原來穿著長褲步鞋講課的場，比穿洋裝和皮鞋更辛苦！

雖然腰是疲的，眼是腫的，但是心情是亢奮而飽滿的。我們和這些眼神發亮的教師用專業拾回教師尊嚴，讓大家看見這股教育界靜默平凡卻偉大的力量！當「夢一」一千七百位老師熱情澎湃共同備課的相片在報紙頭版鏡頭出現時，我的眼睛，因為榮耀與感動而鼓鼓的、脹脹的。我知道：我們一起見證了榮耀的歷史，用身影寫下教育界精采的新扉頁！

有那麼一天……

「夢二」，我依然站在司儀台上，讚歎的看著台下一張張熱切而急欲改變台灣教育的美麗面容。當台下突然亮起數不清的點點星光，串成一片星海，讓即使經常站在台上主持各種大型活動的我，也感動得久久無法言語。每支手機發出的光，彷如一顆顆發亮萌芽的種子，照亮了彼此的臉龐，也點亮了一顆顆種子，讓一個個小小的希望，輕送至一所所學校，流淌進每一處偏鄉，溫潤過每一間課堂。有那麼一天，種子會開出一朵朵燦爛的花，在每個角落各自美麗；也許有那麼一天，這些種子還會蔚然成林……

「我們有一個夢，夢中有你有我牽著手，陪著孩子一起往前走。」這個我們生命彼此交會的時刻，是如此聖潔而美好！

人生，沒有等出來的美麗，只有走出來的輝煌。從「夢一」到「夢二」，「夢」已經成為動詞，它會走進每一個偏鄉，讓生命影響生命的故事，一則一則不斷流傳；它會住進我們的心裡，讓我們願意堅持，以愛為名，為台灣而教！

圓夢與實踐：
一個人，一群人，到全國熱血數學咖啡館的故事

彭甫堅（夢一國中數學組召集人／台中市中港高中）

一〇三年暑假，老彭到處分享數學咖啡館教學法，在全國各地傳遞奉茶共好的能量。同年九月，我準備了四十杯的咖啡，在台中梧棲區的中港高中，辦理數學共同備課。等了兩個多小時，沒有半個人來，但是，這四十杯冷掉的咖啡並沒有打倒我，我相信，只要一直不斷地堅持下去，總有一天，一定能夠磁吸更多正面的教學能量。

果然，國立善化高中謝宗霖老師，排除萬難，請同事幫忙代課，從台南善化一個人開車到梧棲中港高中，和我一起共同備課。台北市中山女高李昌澤老師，從台北坐火車到台中沙鹿，再從沙鹿走路走一個小時，和我一起共同備課。上海華東子女學校，更是常常用網路和我一起討論反思彼此的教學暗點，一起共同備課。

一〇三年十一月中旬，我在全國高中數學年會發表數學咖啡館教學法。

一〇四年二月，在農曆除夕的前兩天，全國將近八十位高中高職的數學老師，齊聚竹東高中，參加數學咖啡館第一次全國共同備課。也差不多在那個時候，長期蹲點偏

鄉的南投縣立爽文國中王政忠主任跟我說：「彭帥，我打算辦一個一千五到兩千人之間的教師研習，找你當國中數學組召集人。」

當時，我有兩個想法。第一，就是把數學咖啡館教學法在幾千人的面前發光發亮。第二，就是把舞台讓出來，讓更多正面創新的教學能量被看見。後來，我選擇了把舞台讓出來。由教育部主辦，中正大學協辦，在中正大學的偏鄉教師工作坊辦了三次：第一次兩天一夜的活動，俗稱「夢一」。第二次在今年（一〇五）二月一日辦理，俗稱「夢一・五」。第三次在前幾天的七月十一日到七月十五日，俗稱「夢二」。

只有更多老師被看見，才會有更多學生被看見

「夢一」，國中數學組來了一百人，六位講師，我講五十分鐘。「夢一・五」，國中數學組來了兩百二十人，三十二個亮點教師分享，我講五分鐘。「夢二」，國中數學組來了四百人，二十三種不同的數學創新教學，我只講一分鐘。

我們磁吸了很多正面創新的教學能量。一個學生，用整個社團的力量來教他。

此刻，我們也帶著台灣過去奉茶共好的驕傲，回到自己教室，喚醒孩子體內每個人本有的奉茶基因。

此刻，我們正帶著夥伴們付出的滿滿能量，提升自己本有的教學實力，打破既有的教學框架，以學生為中心，反思並創新微調自己的教學法。

如果一〇三年、一〇四年這一波俗稱翻轉教學法的能量，是老師自主、打破過去既有的教學框架、為了學生打造專屬於每一個學生的學習舞台、以學習者為中心的教學革命，我相信，一〇五年，又會興起另外一波教育改革。這波改革是教育行政單位，打破既有的行政框架，鬆綁老師的行政磨耗，減少督導、表簿冊、KPI、任何有目標性的行政框架，以教學者為中心，打造更多老師的舞台與支持系統。我相信這個革命已經開始了，不然我，一個小小的老師，也不會在這裡，滿頭白髮——雖說白頭髮總比沒頭髮好啦。

行政以教學者為中心，打造老師的教學舞台，讓更多老師被看見。只有更多老師被看見，才會有更多的學生被看見。讓更多的老師被支持，只有更多的老師被支持，他才會得到夥伴們更多的教學能量。一個人走不遠，一群人才走得遠。

這個教育行政的革命，已經發生，相信也會繼續發生。讓教學現場遍地開花，各自美麗，重新找回台灣的本土的驕傲與價值。

夢的啟示

何耿旭（夢二國中數學組召集人／高雄市阿蓮國中）

二〇一五年四月，彭甫堅老師打電話來：「請問你是小旭老師嗎？政忠老師委託我，七月『我有一個夢』國中數學組想找四位老師來分享，你可以來嗎？」

從「夢一」、「夢一．五」、「夢二」，我在數學咖啡館裡也感動了一年半。讓我說說夢的啟示吧。

「夢一」那二天的四次課程分享，對我來說意義非常重大。這是我第一次把老師們當學生教，同時還有前教育部長吳思華先生以及誠致基金會董事長方新舟先生坐在教室後頭觀課。

「夢一」之後，彭甫堅老師提到隔年寒假還有「夢一回娘家」，我們如何持續鼓勵更多老師分享呢？當時彭老成立了工作群組，卻成了今日的數咖核心團隊。「夢一」之後回響不斷，我興起了讓夥伴間的亮點想法透過書面文字的傳送跨越時空「互助共好」，而身旁陌生的夥伴一個個自動「跳」了出來。

因為光文老師在軟性時間分享數學魔術，喚醒了多年前的我嚮往「學習魔術」的夢，有位臉友Steven Chuang傳來私訊「新的一本我跟林壽福、吳如皓老師快寫好了」，字裡行間充滿絕對的自信。後續他保持聯絡並跟我分享正在設計「數學咖啡牌」，也寫了一篇「小胖的故事」讓我發行電子報，只記得當時看完眼眶紅紅、鼻子酸酸，可以清楚感受這位老師與孩子生命相伴的故事。後來我知道他是莊惟棟老師，卻不知這位就是在台灣魔術界有著鼎鼎大名的稱號「幻牌」。

除了這位「神人級」大咖，我還厚著臉皮跟素未謀面的「響尾蛇數學天地」作者程瑋翔老師「免費邀稿」。瑋翔老師在私訊裡的謙虛與健談程度讓我印象深刻，並無私分享好幾篇打動人心的專文。這讓我體會到，台灣教師缺乏的不是專業，而是一個串聯的機會，透過串聯，凝聚能量再擴散正向的漣漪。

夥伴帶來能量大爆炸

過沒多久就接到彭甫堅老師的電話：「小旭，『夢一回娘家』時，我正帶著我的學生參加比賽，我想全權委託給你，你就放手做吧！」對於剛辦過二十五場校內分享會的我，這件事應該只是小case。

一直醞釀要如何讓研習「突破時空限制」，讓分享者能夠樂於分享且不受到現場時間的干擾，初次分享者無須擔心面對二百位學員的壓力。我在核心群組提出講師預錄三十分鐘分享，現場五分鐘簡介「課堂實踐的精采一招」，學員可以聽完簡介，視自己需要，回家再「舒服坐在沙發椅上補課」。完成彭老交代的「夢一・五」任務後，才驚覺「奉茶咖禮盒」的意義，以及「夢一・五」那二十五位講師群、十三位助教群所帶來的能量大爆炸。此時也是數咖轉變成奉茶咖的轉折點。

感受無私團隊的強大

從宗霖學長接下「夢二」的重擔，每次歡樂共備都是小孩歡笑、大人討論所能想到的架構與細節。看得出來宗霖壓力很大，且這期間仍不斷接受外校的邀約，所以二週一次的共備，就是共同解決問題的重要時機。

七月十二日，核心團隊提早一天進駐中正大學場勘，彭老須隨時因應外界需求，宗霖需隨時因應中正大學需求，我關注學員與講師，隨時當宗霖的分身。隔天助教們陸續集結完畢，大家開始沙盤推演。情況比預期還順利，連惟棟老師都說這群導師太優質，一教就會。

三天的研習，所有夥伴無時無刻專注其中，遇到問題隨時反映，立即有夥伴出手支援。我完全感受這個無私團隊的強大，並對自己身處其中，完整經歷這一切感到驚奇。其中，對於惟棟老師始終保持熱情、無私、睿智、冷靜，帥氣地放下所有身段，讓我了解所謂「神人」，就是願意把夥伴放在自己前面的人，用自己的生命無私給予、協助、陪伴。不簡單，真的非常不簡單！瑋翔老師當了好幾次室友，我們交流了拔尖、扶弱的理念，對於瑋翔老師多年的堅持感到佩服！天龍的拚命三郎性格，加上足夠的專業性，讓我在短短二星期裡看見「堅持後的蛻變」。

當亮點齊聚，是否可以照亮台灣？

彭甫堅老師列舉數咖的九大事件，前四段我來不及參與。從夢的開始、發散、收斂，以及未來即將出現的遍地開花、各自美麗，我與數咖，一步一腳印，凡走過必留下感動。看著周遭的夥伴一個比一個堅強勇敢，此時的心，彷彿看見七月十三日大禮堂那繁星點點的亮點。

我們都是台灣教育一顆顆小小的亮點，大家勇於站出來，開始一個接著一個分享屬於自己的亮點。當亮點齊聚，是否可以照亮台灣？我不確定這十年內是否實現這樣的夢，但我確定的是，那繁星點點的感動畫面，永遠印在腦海。

慶幸我見證過、我努力過、我感受過。我知道接下來教育改變這條路不孤單，因為有太多太多的奉茶咖，一個個站了出來，陪著這九千三百位夥伴一起奉茶，是在下小旭我最大的榮幸！

課堂實踐家，夢一回娘家

林健豐（夢一國中英語組召集人／高雄市右昌國中）

二〇一五年，在「夢一」偏鄉教師暑假教學專業成長研習之後，我們看見了台灣各地的教學現場許多預期的或者預期之外的改變，已經發生或者正在發生。召集人王政忠老師一直以來秉持的精神是：先談教學，再談教育；先給支持，再談改變。

二〇一三年，原本我從自己的教室看見學生的學習需求，因而進行一連串課程調整，成功地將危機化為轉機，學生在課堂上充分投入學習，體會到學習的高度成就感，進而讓教師看見了教室裡群星閃耀。

因著推動區分性ABC教學法的成功經驗，我開始有了許多與校外教學夥伴分享與交流學習的機會，教學實務分享的足跡從高雄市出發，逐漸地走遍各縣市。之前從沒想過的是，其實原來許多國中英語領域教學現場的夥伴也面臨著與我類似的挑戰，而我突破困難的策略及方法，似乎也適用於其他夥伴的教師。

感謝王政忠老師邀請我擔任「夢一」國中英語的召集人，讓我能夠邀請更多具有豐富教學實務經驗的專家，一起來協助與支持現場教師。利用此次難得的機會，我邀請國內三位英語教學領域的前輩與大師分享寶貴的教學實務經驗與策略。

分享帶來加倍的驚喜與感動

在「夢一」的研習歷程中，台北市興雅國中林淑媛老師分享英語科命題與評量，桃園市青溪國中許綉敏老師分享英語閱讀教學，台北科技大學應用英語系林彥良教授分享創意活動設計與補救教學，我協助分享差異化教學。

參與兩天的研習，最後看到教師們分區小組共備的成果，心中真是滿滿的感動。老師們很用心地將四位老師分享的精華融合應用於自己的教學設計中，看著他們自信且發亮的眼神，內心非常期待能夠聽到他們分享各自回到學校實際執行後的心得與感動。

二〇一六年「夢一回娘家」，這個願望成真了，而且課堂實踐家們帶來的是加倍的驚喜與感動。

新北市徐匯中學謝憶茹老師分享Rubrics & Board Games（評量規準與桌遊），課堂上融入淑媛老師清楚的評量規準，引導學生明白老師對於學生學習活動或任務表現的期望與標準，運用彥良老師介紹的桌遊活動融入文法教學，讓學生更容易地學會許多抽象的文法概念。謝老師與大家共享的概念是成功就是把對的經驗不停複製與改良。

桃園市瑞坪國中徐慈婷老師分享「夢一」之後她的教學小翻轉。慈婷老師分享

「夢一」的研習讓她感受到的不只是教學專業，還有那一份願意為孩子們打造更有品質的學習而努力的用心與教育愛。責無旁貸的，她覺得自己應該也要付出一份小小的力量，和各位夥伴分享一〇四學年度上學期因為感動後而有所行動的一點小小成果。

慈婷老師的班級座位結合了淑媛老師的馬蹄形座位，以及與我的ABC差異化分組座位，課堂上單字教學與閱讀理解提問的學習任務規劃與增強系統，成功地應用了區分性ABC教學法的同質性小組評量，以及提供學生正向支持的成功經驗。除此之外，她也將她所學到的各項做法逐一進行嘗試，包括：寫信給聖誕老公公、大富翁桌遊、閱讀學習單、口說評量等多元英語教學活動。

慈婷老師想和大家分享的心得是，就像帶班一樣，英語教學風格也會因每位老師的特色而發展出不同的樣貌，無論如何，我們始終相信，一顆真誠的愛心就是發展專業最好的基石。當我們心中念念想著「Education equals future.」，我們就會更謹慎的面對自己的教學、甚至教育工作。也就不難理解為什麼會有人說：The most important factor in a student's success is the person standing at the front of the classroom.

高雄市福山國中黃嘉敏老師分享的是「Let's Go Home & Fly High：我放下剪刀，給對箱子的飛行紀錄」。嘉敏老師回顧自己的教學歷程，從一開始的照本宣科，進步成求新求變的調整，進而轉變成能夠以學生的學習起點做為教學設計的依據。在「夢一」之後，嘉敏老師邀請校內教師一同成為共備夥伴，一起做，一起學。在共備與教學調整的歷程中，嘉敏老師融入了綉敏老師的閱讀教學策略、我的差異化教學及評量，還有正向支持的動態評量問答。嘉敏老師感謝她的學生召喚了她的教學熱情，也感謝「夢一」講師群提供了許多箱子，支持她帶領學生在學習的歷程中飛得更高更遠。

高雄市阿蓮國中孫玉純老師分享她在自己的任教班級進行區分性ABC教學法的課堂實踐。看到低成就缺乏信心與動機的學生逐一的進步與投入學習，真的是最令老師感到喜悅的正向回饋。在「夢一」研習的支持下，她體會到了分享讓你擁有全世界。

屏東縣南榮國中丘麗英老師分享「夢一」之後校內英語科〇・一的改變。他們校內一起組織了教師共備社群，雖然夥伴們都面臨類似的教學困擾，包括：進度趕不完、學生不想聽、學生學不會等，但是在教學設計方面，只要老師們能夠一起共創與共用，就一定能共好。善用策略設計教學，英語課不再無聊而且會變得很好玩。

康寧護專陳惠芬老師分享她在「夢一」之後的課堂創意合作學習活動，包括字彙、寫作、口說、心智圖等。惠芬老師與夥伴分享的教學心得，是國中小的教學現場已經逐步地翻轉改變，全國各地其他階段與型態的教學單位也應該開始行動；教學現場有太多可能性，不論外在如何制約，這些可能性，都可以被發掘並且善用；教學現場沒有設限，每位教師都應該努力追求自身教室最美麗的風景。

高雄市後勁國中李貞慧老師分享如何運用英語繪本融入英語科教學，包括融入文法句型與融入各項多元議題。貞慧老師總是不斷思考著如何讓學生與自己的孩子對英文產生興趣，所以持續關注英語繪本，希望透過英語繪本中的文學、藝術與多元的議題讓孩子們打開另一個世界，藉由繪本圖文的生動呈現，提高孩子學習英語的興趣與成就。

課堂實踐家將持續增加

參與「夢一」與「夢一回娘家」的所有夥伴，在這個歷程中我們都更加認識自己，也體會與見證分享與共備的強大能量，最重要的，是我們知道在教學的路上我們不孤單，只要我們莫忘初衷，真心想要協助引導孩子投入學習，不論是校內與校外一定可以找到願意同行的夥伴。講師群、助教群、課堂實踐家與所有參加研習的教師，我們共同開啟了教學嶄新的一頁。

「看見教室裡群星閃耀，發掘每個孩子的亮點，正向支持引導成長。」這是我們共同的願景，相信教師與學生將一同看見教室裡最美的風景，課堂實踐家將持續增加，正向支持的能量將逐漸擴大。

像你們這樣熱血的夥伴，我不挺你們，要挺誰？

許扶堂（夢一國小數學組召集人／彰化縣復興國小）

一〇四年夏天，在社群網路上，看著來自全國各地的熱血教師，在王政忠主任的號召下，紛紛在版上留下：「我來自馬祖，我來了！」、「我來自花蓮，我來了！」、「我來自澎湖，我來了！」……就是這些簡短有力卻又擲地有聲的誓言，讓我也忍不住帶著自己的「學思達教學」，加入這樣的一個團隊，和大家一起追尋那個「讓孩子的教育更好」的夢想。

是的，為了讓孩子們的數學學得更好，所以，那年夏天，我們都來了！因為這裡有我們的夢想。一直到現在，我始終沒有忘記當初和大家的約定，開始到各地陪著大家一起在課堂中實踐我們的夢想。

成功走出第一哩路

有人說：「如果你想做一件對的事情，冥冥之中，一定會有一群理念和你相同的夥伴，跳出來無條件的支持和幫助你。」這句話，半年後在「夢一回娘家」的場合中應驗了。一〇五年二月一日，當昔日台下的學員，轉眼變成台上的分享者，第一次站在中正大學四、五百人的講台上，訴說著自己這些日子以來，在教室裡進行「教學實踐」的心路歷程。過程中，雖然夾雜著酸、甜、苦、鹹各種滋味，但最終的堅持，終於在孩子的身上，得到最美好的回饋。那一刻，我知道，我們成功的走出第一哩路了。因為夥伴們分享得「真好」！謝謝他們雖然很緊張，但還是願意毫不猶豫的全力相挺，站出來讓大家相信：「做了真的會不一樣！」這句話「不是口號，而是行動」。

「夢一」活動結束之後，我開始思索該用什麼方式，才能幫助更多的熱血教師，實現「讓孩子數學學得更好」的夢想。因為我知道，「莫忘初衷」這四個字說來容易，但要堅持長遠，卻是困難。許多事經過時間的沉澱之後，當初的熱血激情，也會跟著逐漸消散，甚至灰飛煙滅。

建立良善的循環

這時候，另一個助力又適時的出現。「學思達基金會」成為我到全台各地「遍地開花」最有力的後援。我開始到嘉義、南投、台北、宜蘭、花蓮、桃園……等各個縣市，透過演講、工作坊，去散播「學思達教學」的種子，讓更多的教師能夠聽見、看見「學思達教室」的美麗教室風景，並藉此尋找志同道合的夥伴，協助他們成立一個「互助共好」的「學思達基地」。希望能藉由長期的陪伴和支持，讓好的改變慢慢發生在自己身上，然後，再蔓延到其他人身上，最終為台灣的教育圈，形成一個良善的循環。

「孩子的學習可以慢，但請不要輕易說：算了！」這句話，同樣適用在教師身上。「教師教學的改變可以慢，但請不要輕易說：算了！」因為，在台灣面臨少子化的環境之下，在教室裡的每一個孩子，都應該得到更好的對待。

常有人會問，這次的改變會成功嗎？我不知道，我只知道，當我收到愈來愈多來自全台各地夥伴們的熱情回饋時，我相信這股由下而上的力量，正在替台灣的教育，注入一股新的能量，而這股力量是不容小覷的。

「主任，我們上完鷹架提問法後，真的有參與哦，回來試做了一個月，孩子們等不及我說完題目，就迫不及待要討論，這麼積極的畫面，真是美好。您堅持，我們一定跟進！」

「主任，今天看完你的公開課，感覺又充滿電力，可以繼續向前行了！」

「真的！有夥伴同行的路上，會讓自己走得更遠、更長久，好感謝主任一直熱情的回應我們的需求！」

「今天上課做了一些修正，改變以往講說式教法，用分組討論方式，雖然現在一開始花了很多時間，經過隔壁班時，發現進度最慢，但心中卻不著急，反而是一種踏實感。師生持續摸索中，相信會愈來愈好！」

「雖然離做到成功還有一大段距離！但我已經跨出第一步了！」

想法不同，做法就會跟著改變

我始終相信，每個老師的初衷，都希望孩子能夠學得好。差別只在於，有的老師認為：「就只能這樣了！」有的老師卻認為：「應該還有更好的方法，可以讓孩子學得更好。」

想法不同，做法就會跟著改變，很喜歡王政忠主任常講的「改變從〇・〇一開始」的理念。台灣有好幾萬個老師，如果你對教育仍懷抱希望，那麼，就讓我們先充當這幾萬個裡面的〇・〇一吧！我知道想要翻轉「填鴨教育」這條路，還有一段很長遠的路要走，但是，我只想告訴你們，這條路上，你們不會寂寞。因為，像你們這樣熱血的夥伴，我不挺你們，要挺誰呢？

一起成長的夥伴，備課是一種日常

吳月玲（夢一夢二國中自然組召集人／宜蘭縣復興國中退休）

大約在夢系列研習開始前一年吧，我從臉書認識了王政忠老師，知道他在爽文國中創造的種種成績，也知道他在國文科教學上的創新、改革，但因為不同學科、不同縣市、不同學校類型……所以並沒有「交集」。直到王政忠老師打電話邀我擔任「夢一」國中自然組的召集人時，我們都還只是從未謀面的「臉友（臉書朋友）」。

為什麼臉友的一通電話，能讓我答應接下如此重大的責任呢？不只是因為政忠老師的超人氣與熱忱，更是因為「夢」的理想：用「老師幫助老師的模式，在教學上一起精進」。

多年來，我在教學現場認識許多優秀、熱情的老師，但他們是分散在各校孤軍奮鬥的個體，他們都在期待能互相扶持、激勵的夥伴。我想：如果藉由「我有一個夢」的號召，能讓這群頻率相同的老師聚在一起，其共振的效果將會是驚人的，甚至能撼動教育界呢！這麼奇妙的事，有什麼理由缺席呢？

人對了，事情就對了

接下任務後才發現自己有多不知天高地厚。首先課程模式、報名方式、資料收集、網路平台……等好多我不懂的事，還好有教育部、中正大學幫忙處理這些行政瑣事。但講師的聘請和課程的設計、安排，是各組召集人無可旁貸的責任，感謝林莞如、何莉芳、張麗莉、鄭志鵬、邱彥文、何憶婷、蔡智恆、張揮鈺、陳怡翔、周盛儒……等老師，沒問一句就答應來擔任講師、助教甚至打雜等工作。人對了，接下來我們要一起讓事情也做對！

「事情」當然是指共備這件事，但是我們比較貪心。我們不只是要把這次的偏鄉共備做好，更希望能：

1. 發展出共備模式，供其他團體進行共備時參考。
2. 在實作中發掘，培養未來能設計、帶領共備的老師。這也是為政忠老師說的「遍地開花」、「在地、自主」做準備。

透過會前多次的實體和線上討論，我們一起決定共備的模式、課程。它不只在「夢一」時很圓滿、有效的運行，在之後的「夢一回娘家」、「夢二」，以及各縣市的夢系列研習，也都發揮功能。現在它已經演變成更成熟、有效的模式了！而「夢二」及之後的「夢的N次方」，我已經不用擔任召集人了，因為各地都有人才，他們都願意也有能力能帶領社群進行共備。

全世界在幫我們完成身為老師的榮耀

我總是在想：人與制度是最難的事，但在「我有一個夢」的號召下竟然做成了。這真是「夢想成真」啊！

「當你真心想完成一件事情，全世界都會來幫你」。起初我以為我們是在幫政忠老師完成夢想，幫偏鄉老師做教學準備，但現在我們發現：其實是全世界在幫我們完成身為老師的榮耀！

最後，請讓我以「夢二」時國中自然組的心聲做結尾與感謝：

夢

說不辛苦是騙人的，
說疲累、壓力也是有的，
說感動、能量、熱血是真的，
說教主、神人就太不科學了！
我們一起嘗試，一起卡關，
我們一起破關，一起歡呼。
感謝精心規劃課程的講師群，
感謝奉獻、承擔、不辭辛勞的團隊，

感謝一起激盪、一起分享的所有老師，
我們不只是在做夢，我們是一起成長的夥伴！

繁星點點在夢裡

蔡宜岑（夢一夢二國中社會組召集人／高雄市民族國中）

當我真心在追尋著我的夢想時，每一天都是繽紛的，因為我知道每一個小時都是在實現夢想的一小部分。當我真實的在追尋著夢想時，一路上我都會發現從未想像過的東西，如果當初我沒有勇氣去嘗試看來幾乎不可能的事，如今我就還只是個牧羊人而已。

——《牧羊少年的奇幻之旅》

這段文字真的深刻描繪我此刻的心情。

二〇一五年四月某個晚上，接到來自山中大叔充滿磁性的電話，當下的我受寵若驚，還要假裝鎮定，仔細的回應這位書中人物、教育界典範老師的邀約。重點就是政忠老師希望我能加入「夢一」召集人，號召更多熱血教師，協助這個夢能夠成真，能夠凝聚現場教師的力量，讓老師通力合作成就更多的人！而我當下不加思索，立馬答應，因為能為偏鄉盡一份心力，我當仁不讓！也知道身為國中小社會領域的總召，意味著何種使命，能否讓文人相輕的情況不出現，讓老師願意無私將所知的東西傾囊相授，成為偏鄉教師諮詢的對象，給予最有力的陪伴。如同「我有一個夢」發起人政忠老師所言：「先談教學，再談教育；先給支持，再談改變。」

集結個人實踐家力量的團隊

「當你真心渴望某樣東西時，整個小宇宙都會聯合起來幫助你完成，讓你發光發熱。」我常常用這樣的話語勉勵我的學生，就在接下國中小社會總召時，我知道人脈建立是很重要的，和一群在教學上已經做改變的夥伴，我們透過多次聚會、討論，研擬工作坊呈現的模式。

團隊中有位年輕有活力、有「勁量電池」美稱的洪夢華老師，這位講師是一直深耕國小社會教育的夥伴，願意協助宜岑繼續把夢的版圖撐飽撐滿。國中歷史邀請的是親和力十足的蔡瓊娥老師，她是我每個月共備坊的好搭檔，那年我們產出好多好多上課的媒材，如今仍是我們夢的講師群，不曾離開我們。地理邀請的是高雄輔導團資深的輔導員謝曉慧老師，她總是默默陪伴老師給予實質的協助。公民邀請的是永遠凍齡看起來像高中生的彭心儀老師，心儀常常覺得自己能量不足，我與她分享，每位實力堅強的老師也是學習得來的。

這些老師都是素人教師，都是教學現場一步一腳印磨出來的，都是用個人實踐家的力量感染影響身邊的人。大家的特質不盡相同，而我的工作就是將大家串聯在一起，先給老師們滿滿的陪伴與支持，再談教學的改變。

共好的漣漪效應

人與人的相處是很奇妙的，一通電話邀約，我的社會領域講師群也沒人遲疑，就接下各組的任務。他們不怕他人的閒言閒語嗎？某種程度是的，但是大家同時又有一個信念，如果這一步沒有踏出來實踐與嘗試，所有共好的口號都是騙人的，教學現場也不會有任何的改變！

經過「夢一」的洗禮，「夢一回娘家」又該如何執行？思索許久，這時的新秀發表很重要，要能夠挖掘各地代表，讓這些有實力的老師被看見，並且成為在地的夢想種子，引領老師繼續成長與茁壯。此時我的任務就是串聯、支持與找資源。

回娘家的人選真的是連自己看了都好感動，因為這群老師都是因為被大叔的夢想所感動，想要改變教學，改變孩子學習的樣貌。來自全省各地老師們，也許孤軍奮戰、沒有對話夥伴，倘若偏鄉老師都能做到了，其他老師怎能還有其他藉口說改變是不可能的呢？

回娘家就是夢想實踐的時刻，提供新秀一個舞台，讓老師暢所欲言這半年的改變。台南南化國中的陳岱均老師，克服了偏鄉的困境，在夥伴支援下，他的能量強大，於一〇五年榮獲super教師獎的殊榮。雲林二崙國中張碩玲主任，更是將課程脈絡發揮很好，成為我「夢二」的公民組講師人選。來自偏鄉的雲林水林國中的陳瑜詩老師，因為「夢一」得到堅實的後盾，讓她一路走到現在，也開始分享她的點點滴滴。來自於都會區至善國中李雅雯老師，更因為在「夢一」得到許多有效教學的策略，讓她有了共備的好夥伴，讓她充滿能量樂於和他人分享。

一起擴大夢想的版圖

時間過得真快，教育這條路是條不歸路，一旦熱情啟動，很難裹足不前。自己常在想，若能讓更多現場教師的勇氣與亮點受到肯定，不論這個過程所遭遇的成功或失敗，都可以拿出來和大家勉勵與分享，畢竟教師自我成長的歷程值得喝采，更顯得難能可貴。

尤其所有「我有一個夢」的講師群並不是來做造神運動，也不是創造一個又一個的偶像，而是秉持一種共好的心態，希望台灣的學生可以學得更好。社會科是學科的心臟科，是未來公民的素養養成、思維能力的訓練，及土地的深刻連結，若我們自身都不願意分享，教師間不願意合作與協助，我們又如何告訴學生合作的美好。

所以第二年「我有一個夢」的講師群擴增到十位。這些老師排除萬難，有的能量已經大到可以感染夥伴。不同特質的講師群聚一起，將二天課程討論、設計，每個環節環環相扣，為的是更有脈絡的讓大家理解課程設計的重要性。歷史講師加入了：個性鮮明、掌握社會脈動的陽明國中吳宜蓉老師；三年來在學思達歷史社群默默耕耘的田中高中國中部的謝逸帆老師。地理講師加入了：用閱讀理解訓練學生筆記的五甲國中翁亭鵑老師；使用科技媒材活化地理教學的光復中學洪敏勝老師；地理教學嚇嚇叫、分組教學有一套的瑞祥高中謝佩珊老師；有效教學小撇步、擁有源源不絕教學創意的民族國中徐筱玫老師。公民講師除了心儀與碩玲持續增能外，更加入了學思達達人的英明國中郭進成老師，他讓所有課程更有系統，協助我們觀點更聚焦。

因為有「夢一」的啟航，才有「夢二」的揚帆，現在，「夢的N次方」將在各地旗海飄揚。為了讓現場教師有更深刻的感動與行動，我們挖掘更多在地優秀的講師，貢獻自己在教學上最迷人的教學技巧來與大家做交流。這種感覺如同抓到神奇寶貝一般，也是充滿十萬福特的電流，讓我們功力大增，隨時掌握到教室最美好的課堂風景。

你問我是誰？我說我是一位織夢者，當每個點接在一起時，就是夢想版圖擴大的時候！

各地夢的講師們，感恩有您們不計一切加入我們的行列，當我啟動善的循環，全世界的小宇宙都為我注入能量。我用頑固的毅力堅持我的教育青春夢，我用愛與榜樣陪伴我的學生，我是民族國中蔡宜岑。

攜手同行、共學成長：在逐夢途中遇聚築夢人

洪夢華（夢一夢二國小社會組召集人／臺北市金華國小）

我們需要攜手同行、共學成長，才能在心底蘊藏足夠的實踐種子、在腦海鋪撒足夠的行動音符，以因應花朵凋謝時，可以開出另一朵花；歌盡曲罷時，仍有另一曲旋律在迴盪……

二〇一五年七月，來自南投的政忠主任，齊聚一群熱血的夥伴，點燃了「我有一個夢」的火苗。這是一場串點連線、大型的全國性教師自主研習，我因緣躬逢其盛、參與其中。

我，一個任教三十年的國小教師，置身在悠悠長長的教學道途中，因為不喜歡單打獨鬥的校園生態，也厭倦老師各自在猶如孤島的教室裡，獨行客般的埋首於簿本的氛圍，於是大約二十年前，開始一馬當先、振臂疾呼，試圖凝聚一群夥伴來共學。然而，途中收割的是掙扎、失望、質疑、否定等複雜滋味。之後，又在熙攘的困惑情境中不斷

迷途……直到因緣際遇加入教育部「中央輔導團」，在有資源與支持的團隊裡，逐漸找到穩健的行旅節奏，逐步有系統的累積帶領教師專業成長的經驗。

共學的必要與重要

我的經歷與經驗，讓我誤以為自己是有理念、有夢想的實踐者，因此，最初只以過客的身分來參與——我因緣行經至此，在此遇聚同行人，就不排拒與大家分享共學罷！一開始，對於山中大叔勾勒的「從『夢一』到『夢二』，然後各縣市遍地開花」的風景，雖然感到非常驚喜——與我致力於帶領社群「串點連線擴大面」的理念相符呢——但也僅僅保持觀望的態度，甚至還懷疑著：透過幾場分享活動，能形塑教師自主追求專業成長的風氣嗎？大叔似乎浪漫得過了頭啦。

然而走著走著，從「夢一」、「夢一回娘家」到「夢二」，從花蓮、澎湖、南投到桃園共備社群，一場場集思廣益、群策群力、分享知識、共學成長的畫面，閃動著教師自主學習的光與熱，散發著教師集體智慧的悟與得，展現著教師積極行動的力與能……這一幕幕說明了在共學的行旅中，有不同的映影、有不同的回聲、有不同的寓意，看到了、聽到了、感受到了，並以開放的胸襟欣賞，才能發現前所未有的發現。這就是共學的必要與重要。

從「夢一」、「夢二」到縣市，在這裡，我看到：學習，是無止盡的，因此，學習，永遠是開始。在這裡，我看到：老師是有知有覺、自動自發的主體，因此，需要提供更多的機會，讓一群有心的老師相互感染、彼此激勵，與夥伴們彼此互為鷹架，形成共學共好的關係。而山中大叔扮演的正是找資源、提供機會的有力推手。

走著走著，在夢的旅途中，赫然發現這裡有一種正向的信念，這裡有一股堅定的力量，牢牢吸引著散在各地、各自在教學場域默默耕耘，猶如一顆顆珍珠的老師們。而與行政單位攜手合作，串起這一顆顆珍珠的，也正是山中大叔。

感動彼此，與夥伴走在一條有心的路上

回首這一段歷程，我看見「夢一回娘家」的教學實踐分享，可以促使習慣在自己班級各自為政、彼此客氣卻疏離的老師們，啟開心窗和話匣子，侃侃分享著複雜情境下的教學點滴。我看見夥伴對於教學的衷誠反思，不但有助於檢視自己的盲點、覺察到自己的慣性，對於實踐的行動力，更是起了推波助瀾的作用。

回首這一段歷程，我看見「專業導向」的共備課程，可以激發夥伴們秉持「做中學」的態度，從共備活動中集思廣益，並從討論對話中，找到轉化實作的具體策略。我也看見透過共備分享，可以擷取夥伴們教學經驗的精華，從中建立信心、感動彼此、激發行動的熱情，進而能共同為精進教師專業而努力。

走著走著，從「夢一」、「夢二」，到即將開展的「夢的N次方」，我倍感榮

幸、欣然允諾參與每一場活動。對我而言，最好的專業成長途徑，就是與一群夥伴走在一條有心的路上。因為有心，行經任何一條教學道途，都能靜聆細微的聲音、欣賞不同的景致，深掘隱藏的意義。對我而言，走在山中大叔鋪展的這條夢之旅程，正是我凝聚能量、不斷精進成長的極佳途徑。

走著走著，猛然發現自己的傲慢與不足。我憧憬高遠的美景，卻無法洞悉入門的途徑；我空有熱情、行動有限，充其量只是個懷有夢想的逐夢人。夢想需要構築，築夢需要踏實！在這裡，我找到正向的學習楷模，學習到如何深掘內心底層那份熱力和意願，以及如何維持行動時的堅持與毅力。

是的，我在逐夢的途中，遇聚了築夢踏實、踏實築夢的山中大叔。對我而言，這就是這一趟夢之旅，最大的收穫與意義。而給予山中大叔最大的回饋，則是秉持正向的信念，期許自己：不論置身什麼位置、不論扮演什麼角色，都能成為步履穩健的築夢者！

Make a change. Be the change.

林鈺城（夢一夢二國小英語組召集人／新竹縣中正國小）

一棵開花的樹
一群戲胞被開發的熱血老師
一場場高潮迭起、驚喜不斷的英文研習
一張張隨時可以載著孩子飛往表演國度、登上夢想舞台的機票
夢系列的機組人員帶我們飛一輪了，何時再出發呀？

二〇一五年四月十日下午，我接到一通創造歷史的電話。親切的聲音、誠懇的語氣，政忠老師跟我說了他的夢。我在細雨紛飛的宜蘭街上，剛帶完一場工作坊，準備買奶凍捲回家當伴手禮。街上有點冷，但聽了他的夢，心很暖。

沒問題！我全力以赴！爽快的答應。我在想：這位buddy的熱血，果然名不虛傳。

改變持續發生

接下來，就是一連串快節奏而不可思議的夢境，你要說這是科幻片也行，戰爭片也算。Facebook上他的初衷文章分享、我的國小英文組想文案、找講師，拔山倒樹而來的籌辦問題和方向討論……一直到看到「夢一」報名人數在極短時間內破表的那一刻，我心裡響起了Dreams Come True的那首〈決戦は金曜日〉。這不只是天馬行空卻近在眼前的科幻片，不只是「革傳統研習的命」的戰爭片，這是讓人起雞皮疙瘩的勵志片。

It's all happening...

二〇一五年的「夢一」，二〇一六年寒假的「夢一回娘家」，澎湖、南投和桃園版的「夢二」、暑假的「夢二」，然後一路到二〇一七年遍地開花的「夢的N次方」，規模、廣度、引發效應，我相信是一次比一次還大的！

我找講師合作的標準跟別的研習很不一樣：New ideas, creative methods；不賣書、不賣教具、不玩老哏、不講理論、不抄襲別人、不只重視科技融入；熱血、純粹、原創；沒擔任過講師沒關係，持續努力、不求回報地在自己的部落格或粉絲頁分享、東西扎實、站在學生角度思考、看得到學生進步。這樣的老師，我明查暗訪、三顧茅廬都要請到！沒有大師稱號，我要真正的人師；不必多有名氣，我們走草根路線！

這一年多下來，我聽到也看到好多轉變。

「開學第二週了，目前用了好幾個『夢一』學到的點子，包括Mike分享的繪本教學（小朋友只要看到繪本都好開心）、Doris老師的撲克牌分組（緊張刺激的分組讓小朋友很high，但過程又超安靜，好有趣！）、Franky老師的各種情緒唸課文（犧牲形象示範的過程，讓小朋友笑翻的說，原來課文可以這樣唸）、George老師的用四句話演戲（小朋友的天馬行空總是可以有超乎想像的劇情），還有Mike最近在課堂嘗試後的分享（小朋友看到分享後，會對劇情安排更有概念），這些點子，小朋友們都好喜歡！謝謝各位老師！其中用四句話演戲，是今天用課後英語班的時間做的，雖然他們的劇情很妙，但連平常不太會參與英文討論的小朋友，都討論劇情得很開心呢！很開心自己當初能參加『夢二』！能把有趣的點子帶回來給學生真的很棒！」

在台中任教的Mimi老師給了很正向的回饋，也表示：「從『夢二』回來後，自己的粉絲頁更新速度變快了，而且很多好玩的活動都是在『夢二』學到的喔！所以一直覺得能參加『夢二』真是太幸運了！它帶給我的，不只是那幾天的收穫，還有跟你們和夥伴們的緣分，雖然不能常常見到面，但很有線上共同備課的感覺啊！」

是分享會，更是心靈成長時刻

而我自己，也受到國語科、數學科前輩的感召，效法麗雲老師、扶堂主任，我在新竹縣也從八月起辦起了每個月的備課趴。甚至在台北軍公教大遊行那天（九月三日），我們的聚會還來了兩位大學講師、好多國中老師、不少補教業的朋友，當然還有最多的國小老師。

我們玩了四個交換名片遊戲，接著分享我的學生作品（上學期寒假作業、phonics + self-intro、iTeacher card、大公司小老闆口試單），然後三位老師接力分享自己首週完成的教學活動，以及接下來想做的計畫。最後分組聊了reading strategy, country-related materials, from FOOD to THERAPY和課文內容過少的解決方案，以及繪本教學。雖然名稱為「新竹縣國小英文備課趴」，但成員來自基隆、台北、桃園、苗栗、台中、南投、彰化、嘉義，甚至遠自高雄都有！從六月的第一次只有六位老師，七月因為辦了「夢二」所以跳過，八月來了二十多位，還有日本高中老師來共襄盛舉呢！

這不只是偏鄉教師的分享聚會，也是各地老師的心靈成長時刻。這不是取暖，並非大拜拜，我們自發性、完全免費的備課，向彼此學習，從對方身上看到堅持的力量、向前的動力，和改變的希望！我自己也從其他講師那兒「偷師」了一些……

去年在確定「夢二」講師名單後，六月先約在竹北市我的住處，用一個下午請大家把自己的課程方向大致講過，講師群竟然還聊到流淚。當Tida老師講到落後孩子的進步時，Maria老師感動到鼻酸、頻頻拭淚，弄得Phoebe也跟著emotional起來。那一刻，當攝影師、異常冷靜的我，就知道：「我真的找對人了！」

事實證明，這群講師給參加「夢二」的老師們前所未有的感受！Maria的讀寫策略和影片融入教學、Phoebe的自然發音與桌遊結合和流行歌曲教唱、Tida的心靈成長課程及輔導活動手作，都讓大家耳目一新。我們建立的Facebook社團中，也持續有更多教學夥伴不吝分享，把暑假習得的理念和方法，轉化成上課的素材！

到了二〇一六年寒假的「夢一回娘家」，素人講師群Hazel、Tintin、Franky、Vickie、Lala的分享，也讓大家十分驚豔。從考教甄的心路歷程、在補教業的個人意志執行、電子書的另類應用、侏羅紀世界和班級經營的創意結合到4-skill學習單的豐富設計，都是參加「夢一」之後的實踐和發酵！對現場那些首次參加場面如此大的研習老師們來說，更是一種莫大鼓舞！我們等於找到更多夥伴、招募更多新血（比如二〇一七年「夢的N次方」其中一位講師Vivian就是）。

如果沒辦法改變體制，就先改變教法吧

一條路不通，就陸、海、空、念力、隱身術都試試！一種策略孩子沒進入狀況，就試試Inside Out情緒卡解析課文對話、看圖說故事培養解決問題能力；王牌／幫手／福星各種程度的任務分配，使孩子逐步有成就感；設計閱讀測驗五法，讓孩子從被動回答變主動提問；自製桌遊，促成小組聯誼；繪本帶議題討論結合生活；改編ＲＴ上台演出心聲；流行歌曲教唱，看看彼此感覺統合；月考試題也可以是探險；小白板活動、彩色冰棒棍、桌遊ＤＩＹ、加分題嘗試、情緒九宮格……盡量讓孩子感受不同樂趣，也為他們自學鋪路！

「在大家分享中，我看見的不是教材的教法，而是老師們背後的教育哲學觀，即使是不同學科也值得我們師法。」非英語科的正暐老師，在參加了「新竹縣國小英語備課趴」之後這麼說：「聽Mike說：『我會設計各種難易不同的題目，進行差異化教學』和他的例子後，我赫然發現，這不就是國語教學中的四個提問層次嗎？『提取訊息』、『推論訊息』、『詮釋整合』、『比教評估』！當初階程度的孩子成功回答簡單問題後，就可以往下一層次的問題進行挑戰。這是放諸四海皆準的！」

謝謝政忠老師在去年發了一個夢，把全國國中小最熱血的十二個老師找來，一起辦研習，然後這幾個「瘋子」召集人，也各自找了其他夥伴一起合作，接著吸引更多老師一起追夢。這個夢還沒辦法完成，除非來研習的老師把這些理念跟方法吸收、改編後帶給學生，那才真正圓了我們的夢！如果沒辦法改變體制，那就改變教法吧！如果找不到一起努力的同事，那就讓自己有多元的風格吧！

沒有一種方式適合所有孩子的，我們永遠都在嘗試、實驗，所以會有挫敗、停滯。所以看到孩子的lightbulb moment，和他們的笑容，那是真的學習的自信，那是我們最希望看到的教室風景！:)

Make a change. Be the change.

We always have HOPE. Help Other People Evolve.

從相識相知到相惜，都是因為夢

陳振威（夢一夢二國小自然組召集人／新北市自強國小）

之所以有幸參與夢的共備研習，都是因為本團輔導員彩梁主任向中央團秀芳的推薦，讓我糊里糊塗踏上這段夢的旅程……

回想起「夢一」時的籌備，在西苑高中，那時真的還不知道山中大叔王政忠是何許人也。連親眼看到他時，亦復如此。但當我google一下，才讓我驚覺，原來政忠老師是有故事的人，愈是了解，愈是感動……

當敲定「夢一」流程及相關細節之後，隨即與「夢一」國小組自然領域召集人世昌主任（目前任職台北市金華國小）聯絡，決定北中南五位講師在「夢一」開始築夢前的會前會，地點位於台中市南屯區春安國小（離高鐵站近，約十分鐘車程。此次會議相當感謝當時春安國小黃志龍校長及總務主任游明諺主任的全力協助，無償提供場地）。

這也是所有講師的第一次會面。雖然大家都是第一次見面，卻沒有陌生的距離感，因為我們有一個共同的目標——為教育現場而努力。很快的，我們將「夢一」共備時間的配置及內容確定之後，就等「夢一」正式飛揚那一天……

教育的未來在教育現場

近二千位熱血教師擠爆中正大學大禮堂，這也是令我久久無法忘懷的畫面，一直到今天！從下而上的力量，猶如滔天巨浪，一波波襲來。這是教育的力量，這是基層教育的力量。誰還敢說教育沒有願景與未來？這就是我們台灣教育的未來……

二〇一五年七月十三至十四日，兩天的共備，從早上八點半，一直到晚間九點半，教師自發性的共備討論。這是在中正大學「夢一」實際發生的事。所有教師為了教育及課程知識，彼此激盪，相互交流分享。這樣的場面，就在「夢一」……

「夢二」的報名名額可以說是秒殺，報名人數都比原本錄取人數高出五至六倍以上，可想而知，這場夢很真實、很實際，受到基層教師的肯定及口碑，而且實際報到人數更高達近八成。

「夢二」自然國小組的課程配置及流程依然重視共備，希望講師的引言之後，由教育夥伴們自發性的主動討論，針對單元內容做設計，集眾人之力完成備課。這樣的備課沒有壓力，只有支持的力量。所有夥伴到了晚上九點，依舊坐在教室位置上熱烈的討論著，欲罷不能。看到這樣的場景，無限的感動在心裡激盪著。教育的未來就在這裡——教育現場！

你不是一個人

一個人或許走得很快，但是一群人會走得更遠更久，因為你已經上路，志同道合的夥伴就會陪著你走。

感謝夢時代的因，牽起我們彼此的緣。能夠相識不容易，能夠相知相惜，更需因緣俱足，讓我們珍惜這個緣分。在教育現場，你不是一個人，你有我們，你有我們的支援，你有我們的資源。遇到困難或阻礙，分享出來，正能量會不斷朝你湧來，你不會是孤單一個人，因為你的背後有一群人！

未來夢的種子將會在各地各自開花各自美麗。或許你不會再一次的看到我，但是你會感受到我的存在。我會在網路的世界陪伴你、支持你，讓你能無後顧之憂的繼續往前走。記得，永遠有一群人在你的背後……

夢還沒做完，它仍舊繼續著。「莫忘初衷……莫忘初衷……」

讓我們用專業，給孩子一個成功的支點；讓我們用熱情，點燃孩子生命中的亮點。

謹以這兩句話，和參與夢時代的所有夥伴共勉。

夢還沒做完，它仍舊繼續著；讓我們繼續編織它……

帶孩子肯夢、敢夢、追逐夢！

林淑媛（夢二國中自然組召集人／臺北市興雅國中）

「如果外國人跟你問路，你會想要用英語跟他講嗎？」

「不會！我會趕快跑開！反正有人會幫忙。」小雪（化名）嘻笑回答。

小雪的反應，我一點也不驚訝。這是學習落後的孩子很典型的心態——逃避。無能為力時，逃！能躲多遠就躲多遠。在這都市邊緣、社經背景較弱勢的地區，小雪的老師在教授的鼓勵下，嘗試帶著孩子們參與國際教育網路社群，使用英語，和國外學生交換信件。第二年訪談小雪時，她經常喜孜孜的分享參與國際交換禮物的歷程。看著她問同學而拼湊出來的英語短文，我同樣再次問「外國人問路」的情境，她遲疑了一會兒，說：「我想把英語學好！」

第三年，小雪基測結束，等待畢業之際，我進行最後一次訪談。

「老師，我想和你們一樣，會講英語，我想環遊全世界！」小雪羞澀的笑著，但字字清楚的說出她的夢想。初夏的微風，漫過河堤，踅入圖書室，彷彿帶著小雪的夢想遠颺地球的另一方。我闔上筆記本，三年的個案研究與訪談，來回不下十趟，終於等到這句話，淚已溫潤眼眶。

曾經，我也如此形單影孤

我在花東鄉下長大。大學畢業後，在故鄉更郊區的原住民部落代課，也在中部海邊寧靜的村落任教。即使在台北工作多年，還是常到處演講或示範教學，偏鄉離島，山上海邊，不知道繞幾圈了，最讓我掛心的，就是和我故鄉一樣背景成長的偏鄉孩子，還有積極想幫助偏鄉孩子、卻形單影孤的老師。

偏鄉孩子，太多複雜的外在因素，造成他們英語學習成就低落。偏鄉的教師，因小校而編制員額少，缺乏共備討論的教學夥伴，更覺無助。

早期網路不發達的時代，在資源不足的地區，英語教學最讓老師頭痛的就是無法提供豐富多元的素材，特別是提供國外資訊給孩子認識世界，唯一的英語學習資源就只有課本。但是，語言和生活息息相關，沒有學習的環境，也沒有使用的對象和機會，課本的內容只是外太空人的符號，孩子不知道學這些要做什麼。即使我口沫橫飛描述，希望帶給孩子不同的視野，孩子依舊茫然，甚至感覺我在吹噓，不相信有那樣的世界。回到辦公室，英語教學研究，也僅止於課本考卷的討論，看不到課本外的豐富世界。心，好孤單。

學生畢業後，捎來的信裡不斷感謝我帶給他們的視野。我慶幸自己當時沒有氣餒而放棄。然而，現今網路發達了，教學資源豐沛了，偏鄉或社經弱勢地區的英語教學，依然是讓人覺得無助的。孩子茫然的眼神和當年一樣：「為什麼要學英語？」

即使有英語專長替代役、華裔青年夏令營……等從海外回國服務的教育志工，協助孩子擴增了視野，畢竟如朝霧來去。最後，能朝夕陪著孩子學習的，依然是學校裡的英語老師。

有溫度的交流

小雪的老師有幸能獲得教授的鼓勵而引入國際教育社群，親力設計教學活動與引導孩子學習，讓孩子親自感受到英語可用之處。小雪的學校在都會邊緣，老師尚且可以勤跑市區進修，精進教學，但在深山與離島呢？我們一直以為網路無遠弗屆，提供無盡的資源，帶給人們即時的通訊，天涯若比鄰，但是，為什麼老師還是覺得孤單與不足？

政忠老師發起的「我有一個夢」，在去年找到了答案——人的溫度！

那是挑著相同背景而來的求知若渴者；那是跳著相同脈動的熱血教師；那是期待偏鄉孩子翻轉宿命、有機會去看世界的領航員。

在研習裡，偏鄉教師志願千里而來，齊聚一堂，共備討論，頂著課程緊湊的壓力，熬夜產出教學活動，帶回教學現場實踐。在兩天裡，找到的不只是共備成員，更如找到生命的共同體；在交流討論中，找到相同問題的解決出口，找到持續相伴的依靠。

我們以為老師們研習結束，就這樣離去。但這兩年來，我們驚訝偏鄉教師可以不辭辛苦，遠到各個「夢系列」講師的研習場地進修，並找到更多精進的同好，跨縣市交流。偏鄉教師在網路社群裡分享教學創作的能量，與孩子在課堂展開笑靨的學習風景，更勝於以往。政忠老師希望「遍地開花，各自美麗」的天堂已開始彩繪。

伸展夢想的羽翼，支撐孩子去看世界的力量

昨天，週六，我在南投國姓鄉分享，不意外的，總會有跨縣市而來研習的老師。但，最讓我敬佩的，是一位老師從馬祖莒光島輾轉而來到台灣中心，與其他老師們共備與交流。研習結束，她背起行囊，開懷的對我說，她志願擔任地方聯絡人，和周圍幾所學校共五位老師建立聯絡網，一起共備。一個小小女教師，挑戰的「周圍」卻是山水相隔的幅員。在夕陽餘暉中道別，我的心裡悸動不已！

隨後和在偏鄉服務長達二十多年的王榮俊學弟共聚，他也是「我有一個夢」的講師之一。我們坐在他教過的學生所開的餐廳裡，文青式的裝潢，來自國內外的顧客和兩位老闆的合照貼滿冰箱或牆面，勾起學弟的回憶，侃侃細數教過的孩子們的發展。老闆湊過來，不斷誇讚王老師利用各種方式讓他們看見世界，鼓勵他們去追自己的夢。當他們在外學習後，依然懷念這片土地，回來不只承接茶園家業，還展店賣茶和咖啡，成就

自己的夢想。

是的！當老師可以在面對面、有溫度的交流裡得到支持，就能伸展夢想的羽翼，支撐孩子去看世界的力量。老師身在偏鄉，心不孤單；孩子從老師身上得到看見世界的高度，夢想就敢做得遠大！一如政忠老師在「夢二」說的：Teachers get support; kids get hope.

老師，讓我們帶著孩子肯夢、敢夢、追逐夢吧！

夢的N次方，在地深耕

沈政傑（夢一國中國文組召集人／雲林縣樟湖國中小）

如果說翻轉思潮是點火的開始，「我有一個夢」便是星火燎原的一刻。「不管是一千六百人也好，二千五百人也好，那便是一群想要、渴望成長的教師大會師。我們並不奢望因為短期的工作坊就能改變現場教學，但我們期待這樣的熱情會帶動更多現場教師得到支持。」

「乘風而起，順勢而為」，是我對近幾年教學創新浪潮的最大感觸。這一波由下而上想要精進的心，促使許多備課工作坊、自主成長、假日研習的產生。如果輔導團規劃研習的思維還停留在遴聘講師、核銷經費，那麼學員的熱情只能維繫在講師的專業度，對於現場的影響力是微乎其微。

一位校長曾經和我說過，依照國教輔導團的初始目標，各輔導員是為了協助教學品質提升而設置。以雲林縣二百多位輔導員的編制，理應有一定數量的亮點教學產生，而現實層面似乎不是如此，為什麼呢？我想，並非各團員尸位素餐，而是在於我們有沒有找到更好的運作模式。以雲林縣為例，公私立國中、國小班級數分別為八〇二、一七九四，代表了雲林縣有近四百位的國中國文教師、一千八百位的國小國語教師。如果我們停留在傳統形式的薦派研習，參與人數會有多少呢？四十、一百六十，因為這正好是雲林縣國中小的概略校數。對於一年不到二十萬的團務經費來說，僅能辦理三至四場研習，而這樣的培訓模式，真能讓教師在課堂中實踐所得嗎？還是只是一時的感動，甚至是虛度時光的例行公事呢？

如何跨出改變的第一步

我們有沒有可能更有效的去滿足教師成長的需求呢？二〇一五年暑假「我有一個夢」，雲林縣教師報名一百餘位，僅次於新北、高雄，是全國報名人數第三多的縣市，二〇一六年暑假更增加到二百餘位，這些不就是輔導團所以支持的「種子教師」嗎？如果教師能從「做中學」、「共備分享」的課程中領略提問技巧與教學方法，自然提升教師在課堂間的轉化應用，也促使學員成為該校領頭羊的角色，率領基層老師踏出改變的第一步。

為此，雲林縣國文輔導團努力朝著兩個方向前進：

一是深度脈絡，從文本分析、提問研發、教學設計到評量檢核，透過一系列的產出、應用、回饋、修正模式，精緻教學內容。

二是擴大面向，從薦派工作坊、鄉鎮市同年段備課討論、學校備課社群，深入每個面向，建立共備協作模式。期間並佐以自主參與的班級經營講座、團員公開授課示範、典範教師觀課議課等動態學習歷程，不斷的精進、修正，才利於建立教師共同備課的文化，型塑同儕支持系統。

這些內容是為了政令宣導嗎？不是的，因為回首過去兩年的自主研習，您會看到現場老師的滿滿的動力：

二〇一五年，寒假，國中小學思達共同備課工作坊，兩天，三百五十八人次。

二〇一五年，週六，國中小學思達教學觀摩分享，一百三十二人次。

二〇一六年，寒假，MAPS觀課議課實作工作坊，五十三人次（我們直接包車去爽文了）。

二〇一六年，週六，閱讀推手短講分享會，九十一人次。

二〇一六年，週六，雅晴老師備課工作坊，二百人次（我們居然花了九個週末，明年還會繼續）。

添加柴火，讓可燃人成為自燃人的搭檔

活動裡，我們當然看到好多熟面孔、研習咖，但是也看到了某些學校開始團報，一個拉一個的參與度。所以當這些夥伴們都撤回各學校之後，我們能不能再替他們加些

柴火？當自燃人已經自己踏進研習場域，我們再透過薦派研習來點燃可燃人，讓他們有機會變成自燃人的搭檔。

在MAPS觀課議課實作工作坊中，有育嬰留停的老師主動詢問能否參加；有教師因為名額已滿，寧可自己開車上山參加；有督學默默在學員群中一起討論課程。雅晴老師的假日備課坊中，半數以上是全程參與，還有夥伴遠從花蓮、台北、高雄而來，為的是什麼，不都是那想學習的心情使然？

藉由「我有一個夢」的凝聚，我們比過去更有機會發掘各地認真投入的夥伴，自然可以有計畫的發展社群對話的可能性。

二〇一五年，我們開始讓各校社群申請輔導員到校分享，協助多所學校進行一校多次的校本課程研發。二〇一六年，我們開始進行分區（鄉鎮）共同備課，搭建跨校共同對話平台，找尋協作夥伴。二〇一七年，我們承辦「夢的N次方」雲林縣寒假備課工作坊，廣邀雲彰嘉投五縣市的夥伴們一起聚焦教學現場的疑難。

也許這樣的思維還是太行政（保守），也許這樣的方式還是點不起不可燃人的動力。但如同那句老話：不做，就只是那樣，做了也許會不一樣。於是我在輔導團年度計畫中寫下四個目標：客製化共備（加廣）、目標性研習（聚焦）、研習自主趣（加深）、整合國中小運作（共好）。

當現場已是星火廣布時，我們怎能不認真去做呢！

Teachers get professional support.

Kids get real hope.

未竟之渡，與子偕行。

教育教養　BEP033

我有一個夢
一場溫柔而堅定的體制內革命

國家圖書館出版品預行編目（CIP）資料

我有一個夢：一場溫柔而堅定的體制內革命 / 王政忠著. -- 第一版. -- 臺北市：遠見天下文化, 2017.02
面；　公分

ISBN 978-986-479-158-3(平裝)

1.教育 2.文集

520.7　　106001532

作者 ── 王政忠

事業群發行人／CEO／總編輯 ── 王力行
副總編輯 ── 周思芸
特約編輯 ── 蔡靜宜
特約校對 ── 魏秋綢
封面設計 ── 張議文
照片提供 ── 王政忠

出版者 ── 遠見天下文化出版股份有限公司
創辦人 ── 高希均、王力行
遠見．天下文化事業群董事長 ── 高希均
事業群發行人／CEO ── 王力行
天下文化社長／總經理 ── 林天來
國際事務開發部兼版權中心總監 ── 潘欣
法律顧問 ── 理律法律事務所陳長文律師
著作權顧問 ── 魏啟翔律師
地址 ── 台北市 104 松江路 93 巷 1 號 2 樓
讀者服務專線 ── (02) 2662-0012 | 傳真 (02) 2662-0007, (02) 2662-0009
電子郵件信箱 ── cwpc@cwgv.com.tw
直接郵撥帳號 ── 1326703-6 號
遠見天下文化出版股份有限公司

內文排版 ── 蔡依仁
製版廠 ── 東豪印刷事業有限公司
印刷廠 ── 祥峰印刷事業有限公司
裝訂廠 ── 中原造像股份有限公司
登記證 ── 局版台業字第 2517 號
總經銷 ── 大和書報圖書股份有限公司 ｜電話 (02) 8990-2588
出版日期 ── 2017／02／24 第一版
2018／10／09 第一版第 5 次印行

定價 ── NT $330元
ISBN ── 978-986-479-158-3
書號 ── BEP033
天下文化書坊 ── bookzone.cwgv.com.tw